D1721567

Angelika U. Reutter • Aufbruch aus dem Eis

Angelika U. Reutter

Aufbruch aus dem Eis

Vertrauen, Mut und Zuversicht gewinnen

Geschichte einer Therapie

Kösel

Copyright © 2007 Kösel-Verlag, München,
in der Verlagsgruppe Random House GmbH
Umschlag: 2005 Werbung, München
Umschlagfoto: mauritius images / Anders Ekholm
Druck und Bindung: CPI Moravia Books s.r.o., Pohorelice
Printed in Germany
ISBN 978-3-466-30748-7

Gedruckt auf umweltfreundlich hergestelltem Werkdruckpapier
(säurefrei und chlorfrei gebleicht)

www.koesel.de

Inhalt

Vorwort

In diesem Buch wird von einer berührenden und tief greifenden Therapie berichtet: Jemand – im Buch hat er sich den Namen Leo gegeben – wollte eigentlich keine Therapie machen, denn er war davon überzeugt, dass Selbstbewusstsein und Lebensfreude nur für andere Menschen bestimmt seien; jemand, der längst nicht mehr an eine Veränderung im eigenen Leben glaubte; jemand, der sich daran gewöhnt hatte, nicht zu genügen; jemand, der sich anpasste und sich selbst nicht wahrnahm; jemand, der lebte, ohne lebendig zu sein.

Wie sich das Vertrauen in die eigenen Ressourcen entfaltet und der Mut, eigenständig und verantwortungsbewusst zu handeln, zeigt der Weg *LiebeWille*: Die *Liebe* wählt und der *Wille* führt das Gewählte aus. In unserer Kultur wurden Liebe und Wille getrennt, und wir erleben diese Qualitäten als gegensätzlich. Wille ohne Liebe kann grausam und zerstörerisch sein; Liebe ohne Wille wird kraftlos und resigniert. Verbinden sich die stärksten Lebenskräfte, entdecken wir den inneren Freiraum zu wählen, was wir tun und was wir lassen wollen.

Talente schlummern in uns, sie »warten uns entgegen«. Wenn wir sie vergessen haben, zurückgelassen in den Träumen unserer Kindheit, können wir ihnen wieder begegnen und dem Klang unserer inneren

Worte lauschen: Es ist die Melodie des Urvertrauens. Aus ihr erwächst das Bewusstsein, Entwicklung zuzulassen und mit der Freude des LiebeWille bewusst zu wählen und mutig zu handeln. Alle Wege und Umwege führen uns zu unserer Kraft.

Leos Offenheit hat dieses Buch ermöglicht. Ich danke seiner Frau Eva und ihm für das große Vertrauen.

Leben,
ohne lebendig zu sein

Ich bin Liebe. Ich bin. Ich bin der, der ich bin.

Leo

Der bald 45-jährige Mann hat abgrundtiefe Angst, nichts zu sein, nichts bewirken zu können, als Nichts behandelt zu werden. Eine Angst, die ihn im »Grauen vor dem Nichts« fesselt.

Eines Tages hört Leo auf, vor sich selbst davonzulaufen. Er will etwas anderes als bisher, er weiß nur nicht, was er wollen soll. Sein Glaubenssatz »Ich genüge nicht« lähmt seinen Mut, sich zu zeigen; macht ihn still, in sich zurückgezogen, oft sprachlos, verhalten, ohnmächtig. Etwas Unerkanntes hat ihn fest im Griff.

Seine Verzweiflung und Hilflosigkeit sind diffus. Das Namenlose nimmt seiner Lebensfreude den Atem; sie hat sich klein gemacht, geduckt, versteckt und lebt unter dem Deckmantel einer sehnsüchtigen »Grauzone«. Das Eis hat sich in vielen Bereichen seines Lebens ausgebreitet: Eine glatte Fläche, auf der Vertrauen, Mut und Selbstbestimmung ausrutschen und auf der das, was er wirklich tun will, nicht Fuß fassen kann. Im Bann seines uferlosen »Grauzonensogs« hat er versucht, dem für ihn scheinbar Unerträglichen aus dem Weg zu gehen. Deshalb: Nur nicht stehen bleiben, unter keinen Umständen die gewohnte Strategie ändern, denn dann könnte alles zusammenbrechen ...

Der scheue Mann, der aufgrund einer Krankheit, die sich auch im äußeren Erscheinungsbild deutlich zeigt, keine Tränen hat, der nicht weinen kann, konnte sich kaum auf Äußerlichkeiten abstützen. Viele Ereignisse hatten ihn in die Enge getrieben – doch er gab nicht auf. Eines Tages konnte er seiner bisher eingesperrten Seele Raum geben und bahnte damit seiner »ersten Liebe«, der Liebe zu sich selbst, den Weg – ein schwerer Schicksalsweg. Doch die ungeweinten Tränen haben sich in Leos Seele zu Perlen gewandelt. Kostbar leuchten sie in seinen Worten auf.

Leo ist ein Beispiel dafür, wie Menschen den Weg zu sich selbst finden und ihre inneren, kraftvollen Ressourcen entdecken können. Seine Gefühle hat er aufgeschrieben, seine Geschichte wird in diesem Buch erzählt, und jetzt lebt er sein Leben so, wie es ist. Er hat gewählt, nicht mehr einfach zu tun, was verlangt wird, sondern das, was er wirklich will: Er bringt sich selbst zum Ausdruck und würdigt sein Leben.

Denn werden wir als Mensch wahrgenommen, schwindet die Angst.

Sprachlose Sehnsucht

Ich höre langsame Schritte. Der Nachhall bleibt im Treppenhaus hängen. Plötzlich ist es wieder still. Ich warte einen Moment, dann entschließe ich mich, Leo entgegenzugehen. Er kommt zögernd auf mich zu, bleibt unschlüssig mitten im Raum stehen, begrüßt mich sehr zurückhaltend, sieht sich um, schiebt den angebotenen Sessel an die Wand, sodass wir die größtmögliche Distanz zueinander haben, und schweigt. Ich sitze ihm gegenüber. Da kein Schreibtisch zwischen uns steht, lässt sich der leere Raum gut fühlen. Die Atmosphäre in meiner Praxis wird schwerer, obwohl die Sonnenstrahlen feine Streifen auf den Boden werfen. Um die Füße des Menschen, der immer noch schweigend vor mir sitzt, bilden sich gräuliche Schatten. Die Helligkeit bleibt in den grünen Socken hängen.

Ich höre die Stille und schaue mein Gegenüber an. Es würde mir geradezu unhöflich vorkommen, etwas zu sagen. Die Gespräche mit meinen Klienten ergeben sich.

Zuhören können wir am besten, wenn es still wird und wir alle vorgefassten Meinungen vergessen. Dann hören wir, was der andere nicht sagt: Wesentliches, das in der Seele latent in Schwingung ist. Wir hören die inneren Worte, die noch keine Sprache gefunden haben, und spüren den Klang der Talente, die in dem Menschen, dem wir begegnen, verborgen sind. Wir nehmen den Menschen wahr und akzeptieren ihn in diesem Augenblick.

Die blauen Augen, die mich anschauen, wirken unruhig. Nur für einen kurzen Moment streifen sie mich. Dann blicken sie nach oben, als würden sie in die Decke eintauchen wollen. Plötzlich beginnen diese Augen »zu sprechen«, die ganze Gestalt, die sich im Sessel hin und her bewegt, scheint ruhiger zu werden. Der Mann räuspert sich und beginnt mit seiner rauen Stimme zu erzählen: von diesem Menschen, der er selber ist, der mit einer genetisch bedingten Stoffwechselkrankheit geboren wurde, der in einer Grauzone versinkt, in dunkle Zwischenräume abtaucht, die er nicht beschreiben kann, die ihn umtreiben. Dass er damals jemanden gebraucht hätte, der ihn aus der inneren Grauzone herausholt. Er fühlte sich allein, obwohl er nicht allein war.

Das Gefühl, allein zu sein, von Gott und der Welt verlassen, ist ein Gefühl der Hilflosigkeit. Es ist ein Gefühl, das Zuwendung braucht. Manche haben als Kind viel Fürsorge erfahren, andere weniger, selten jedoch genau so, wie sie es wirklich gebraucht hätten. Deshalb ist es gut zu wissen, dass wir unsere nicht erkannten und enttäuschten Gefühle in Liebe halten[1*] können. Und dass wir lernen können, uns selbst diese liebevolle Zuwendung mit dem Herzen zu geben und damit unsere Verletzungen zu heilen. Dies bedeutet nicht, dass wir alles allein machen müssen. Wir

---

* Die hochgestellten Ziffern im Text kennzeichnen Begriffe, die im Kapitel »Begriffe und ihre Bedeutung« (Seite 134 ff.) näher erläutert werden.

brauchen die Begegnungen mit Menschen: Wir können gemeinsam nachdenken, unmögliche Möglichkeiten suchen, zuhören, sprechen und erleben, dass sich aus der Resonanz der Tiefe ungeahnte Lösungen entfalten. Wir erfahren, dass es nicht darum geht, zu gewinnen oder zu verlieren, und spüren, dass wir nicht allein sind. Statt in Trauer zu versinken, wird die Einsamkeit zu einer tragenden Kraft.

Mit den Worten »Es ist uferlos ...« bricht seine Stimme abrupt ab. Ich spüre hinter den Buchstaben, die Leo zu eindringlichen Worten zusammenfügt, eine ganze Welt verborgen, die sich vom Leben und der Lebensfreude zurückgezogen hat. Das berührt mich, und ich versuche mein Empfinden zu formulieren: »Ich kann spüren, was Sie sagen. Und ich verstehe Ihre Zurückhaltung, Ihr Verhaltensein.« Überrascht und wie plötzlich aus dem Schlaf erwacht, antwortet er: »Darüber möchte ich nachdenken.«

Plötzliches Erwachen der Seele nennen wir auch »Aha«-Erlebnis, ein Erlebnis, das uns den Zauber eines Neuanfangs schenkt. In solchen Momenten bekommt die Selbstreflexion ernsthafte Leichtigkeit.

Ganz unvermittelt, wohl weil Leo zu bemerken scheint, dass ich seine Gesichtszüge anschaue, lächelt er, erstmals, nur kurz: »Ich sehe mich gerne im Spiegel an«, dann fällt sein Blick wieder auf seinen rechten Fuß, der auf- und abwippt, sozusagen im Duett mit der Hand, an der ich einen Ehering wahrnehme.

Dieses Sich-gerne-im-Spiegel-Anschauen bedarf noch einiger ergänzender Worte: »Ich habe keine

Haare, keine Wimpern, keine Augenbrauen.« Er zeigt auf seinen üppigen, grau melierten Haarersatz. »Und der Bart?«, frage ich. »Der gehört mir ...« Seine Stoffwechselkrankheit hat zur Folge, dass der Flüssigkeitshaushalt nicht im Gleichgewicht ist. Auch der Haarwuchs fehlt weitgehend. Es scheint eine Ausnahme zu sein, dass er einen Gesichtsbart hat. »Ich habe dieses Gesicht. Meine Haut ist sehr fein und empfindlich. Schwitzen kann ich nicht. Manchmal, wenn ich sehr berührt bin, werden meine Augen feucht. Doch ich habe keine Tränen.«

Etwas lakonisch, als müsste es der guten Ordnung halber auch noch gesagt sein, fügt er hinzu: »Ich habe eine kaufmännische Lehre gemacht; heute bin ich Verwaltungsbeamter, doch eigentlich interessiere ich mich, seit ich 17, 18 Jahre alt bin, für Psychologie und Theologie.«

Er war ein kränkliches Kind, das oft Halsschmerzen hatte, bedingt durch eine konstitutionelle Schwäche der Bronchien. Ein guter Schüler wollte er unbedingt sein, was ihm auch gelang. Doch enttäuscht blieb er viel allein. Denn trotz der guten Noten konnte er die Anerkennung seiner Mitschüler nicht gewinnen. Sie nahmen ihn nicht ernst. Sein »Sich-Mühe-Geben« wurde nicht belohnt, besonders im Sport fühlte er sich ausgeschlossen. Er trainierte zwar so viel, wie er mit seiner Körperkonstitution konnte, doch sein Wunsch, einmal in einer Mannschaft aufgestellt zu werden, erfüllte sich nicht.

Mit den Worten »Ich sehne mich danach, an die Grenze zu gehen« verabschiedet sich Leo. »Eigentlich

14

wollte ich keine Therapie machen. Denn ich war überzeugt, mein Leben ist so und wird sich nicht mehr verändern. Dass ich als junger Mann in spirituellen Büchern Halt suchte und später eine christliche Jugendgruppe mit Enthusiasmus leitete, blieben gestrandete Erinnerungen, die für mich verloren schienen.«

Als er sich beim Aufstehen auf die Sessellehnen stützt, fallen mir seine Hände auf. Es sind Hände, die Klavier spielen könnten.

Das wirkliche Sehen

Wut, Trauer, meine Gefühle kommen lassen.
Sie nicht verdrängen, bekämpfen, mich nicht
mit ihnen identifizieren, sondern ihnen
begegnen, vom Ort her, wo ich wählen kann.
Dort ist keine Wertung. Ich begegne,
ich nehme wahr. Es darf sein. Dort, wo ich
wählen kann, ist Klarheit, Freiheit, Liebe.

Leo

Dass etwas sehr Tiefgreifendes geschehen sein musste, fiel mir sofort auf. Es schien, als würde ein anderer Mensch im Türrahmen stehen. Der Körper hatte Konturen bekommen, die dunkle Schwere, die Leo das letzte Mal umgeben hatte, war durchsichtiger geworden, seine Ausstrahlung wie ein Kleid, das in einer neuen Farbe ganz anders wirkt – leichter, viel leichter. Was war geschehen?

Bevor ich es erfahre, sagt er mir, dass er sich entschieden habe, mit mir weiterzuarbeiten. Er bewegt sich langsam auf den Sessel zu, bleibt stehen, schaut auf den See, den man von meinem Fenster aus sieht, und lässt sich in allem Zeit, Zeit für diesen Augenblick.

Während er spricht, beginne ich die Veränderung seiner Erscheinung zu verstehen: Auf seinem Weg nach Hause, im Zug, hatte seine Haut zu brennen begonnen und er spürte, wie die Hitze in ihm aufstieg und ihn mit heißen und kalten Wellen überflutete. Der Schüttelfrost war immer stärker geworden. Es war der Beginn einer heftigen Lungenentzündung, sodass er zwei Wochen im Bett bleiben musste.

Ich hatte bei unserer ersten Begegnung seinen »flachen Atem« wahrgenommen, scheu und zurückhaltend, als wäre es nicht erlaubt, tief durchzuatmen.

Oft halten Menschen, die ängstlich und angepasst wirken und sich scheinbar für ihre Existenz entschuldigen, unbewusst den Atem an. Sie sind davon überzeugt, keine Daseinsberechtigung zu haben. Ihre Seele hat nie erfahren, wie es sich anfühlt, willkommen zu sein. Dies ist ein schrecklicher Schmerz, der uns den Atem verschlägt. Er sitzt tief und scheint unaushaltbar. Das ureigene Geburtsrecht, sich selber sein zu dürfen, ist gestorben, bevor es leben konnte. Daraus entsteht ein unumstößliches Minderwertigkeitsgefühl. Das Fazit: »Ich genüge nicht!« Ein Glaubenssatz[2], der ein ganzes Leben beherrschen und jede Eigeninitiative subversiv unterwandern kann. Die Überzeugung, »nicht zu genügen«, hatte Leo im Körper verinnerlicht.

Physische Prozesse können wesentlich dazu beitragen, Veränderungen in Gang zu setzen. Bei Leo hatten sich die seelischen Schmerzen auf die Lungen übertragen und ihm den »Atem verschlagen«. Durch die Lungenentzündung (die Lunge ist das Organ, das den Menschen mit der Erde verbindet – mit dem ersten Atemzug kommen wir auf die Welt, mit dem letzten verlassen wir sie wieder) suchte sich seine untergründige, »eingefrorene Konditionierung[3]« ein Ventil. Sie verschaffte sich endlich Luft, indem sie sich auf der körperlichen Ebene ausdrückte. Der »Staudamm der Gefühle« wurde durch das körperliche Symptom, das wir Krankheit nennen, bewegt. Die innerlich festgehaltene Kraft kam ins Fließen und brachte Leos bisherige Überlebensstrategie – resignierter Rückzug oder maßloser seelischer Lebenshunger – ans Tageslicht. Mit der Faust zeigt Leo auf seine Herzgegend: »Meine große Sehnsucht ist, mich einzubringen, und hier im Herzen spüre ich auch den Rückzug.«

Ich selber sein, das Leben immer wieder neu entdecken, die alltäglichen Dinge so tun, als wäre es das erste Mal, die Augen weit aufmachen, tief atmen, hell hören und sehen, was da ist, in meiner Welt, in diesem Augenblick, das wäre schön, natürlich und ursprünglich. Diese unmittelbare Lebensfreude ist oft von unzähligen Eindrücken »beeindruckt«, zusammengedrückt, verdrückt oder erdrückt. Erinnern wir uns, was uns als Kind Eindruck gemacht hat? Wie haben wir die Aufmerksamkeit auf uns gezogen? Wie holen wir uns heute als Erwachsene Bestätigung und Anerkennung? Wie fühlen wir uns, wenn wir einen guten Eindruck machen wollen? Oder wie spüren wir uns, wenn wir einen schlechten oder keinen Eindruck hinterlassen haben? Diese Gefühle, Körperempfindungen und Gedanken wirken sehr direkt auf unsere Lunge, beeinflussen unseren Atemrhythmus und prägen unsere Sinneswahrnehmungen, mit denen wir die innere und äußere Welt wahrnehmen. Wir sehen die Welt durch die rosarote, graue oder schwarze Brille, je nachdem, was wir erfahren haben.

Schmerzliche Eindrücke, wie nicht erwünscht oder abgelehnt worden zu sein, sind tiefe Verletzungen. Wir fühlen uns nervös, unruhig, unsere Seele wird rau, und wir können uns nicht wirklich konzentrieren. Mit dem Intellekt versuchen wir zwar, diese Erfahrungen zu rationalisieren, zu vermeiden oder durch möglichst reibungsloses Funktionieren wettzumachen. Was auch gelingen mag, aber auf den gewohnten

Gedanken bauen sich immer neue Konstrukte auf, die nicht anders können, als in den alten, ausgetretenen Bahnen zu fühlen, zu denken und zu wollen.

Und doch – wie wäre es, wenn wir keinen guten Eindruck mehr hinterlassen müssten?

In der Übung »Ich bin in Liebe gehalten[4]« (Seite 27 ff.) wendet sich Leo seinem Herzen zu. Er spürt Vertrauen. Langsam wird sein Atem gleichmäßiger. Ruhe breitet sich im ganzen Körper aus. Erleichtert erkennt er, dass er sich seiner Seele unbekümmert zuwenden kann, und er bemerkt, dass er sich nicht mehr unbedingt zurückziehen und abschotten muss. Er nimmt jetzt seine Lungen wahr und spürt Mitgefühl für seinen ganzen Körper, der ihm geholfen hat, seinen seelischen Prozess bewusster zu erkennen und zu würdigen.

Leben wir aus vollen Zügen? Lassen wir unseren Atem fließen? Stehen wir mit beiden Füßen auf der Erde? Können wir die Fülle des Lebens annehmen? Bauen wir unser Lebensfundament sorgfältig, ohne Druck, Schritt für Schritt, maßvoll? Kennen wir unseren eigenen Rhythmus? Vollenden wir, was wir begonnen haben? Die Kapazität unserer Lunge zeigt uns, wie wir in der Welt anwesend sind. Jeder Individualisierungsprozess ist mit der Tätigkeit unserer Lunge verbunden. Sie ist unsere kleine Erde in uns und sieht wie ein Baum aus, der kopfsteht.

Wäre es nicht manchmal klüger, unsere alten Gewohnheiten auf den Kopf zu stellen, statt an ihnen festzuhalten? Eine neue Perspektive wäre uns gewiss.

Würde man die Lungenbläschen ausbreiten, sind es 80 bis 150 Quadratmeter, die wir unser Eigentum nennen können. Verbinden wir uns tiefer mit unserer Lunge, mit unserem Lebensatem, dann sind wir mit jedem Atemzug ganz nahe bei uns selbst. Der Geist folgt dem Atem. So kann sich die bisherige Atemnot, das Engegefühl wandeln. Wir werden innerlich beweglich, und das, was wir selber wirklich wollen, das können wir auch. Unsere Lunge schenkt uns Lebensmut und innere Stabilität. Bereits ein tiefes Durchatmen kann uns beruhigen. Wir holen Luft und spüren wieder den Boden unter den Füßen. Durch bewusste Atemübungen »erden« wir uns und lernen, präsent zu sein. Wenn wir nichts erreichen müssen, nichts mehr erzwingen wollen, dann spüren wir Achtsamkeit und Wertschätzung für uns selbst und die anderen. Einmal tief durchatmen, und wir bekommen ein warmes Herz, einen kühlen Kopf, und wir wissen in diesem Augenblick, was »LiebeWille«[5] ist. Wir umarmen das »Wunder Leben«, statt es zu zerstören.

Doch Angst und Zweifel holen uns sehr oft wieder ein und ziehen uns hin und her. Statt uns endlos darüber zu ärgern, können wir die Polarisierung[6] unserer Sichtweisen erkennen, sie akzeptieren und reflektieren. Wenn wir ohne den Druck, etwas verändern zu müssen, nachdenken, werden unsere Nerven und Sinne ruhiger. Unsere Gefühle und Gedanken können sich ausruhen, und aus der gelassenen Stille der Seele erwächst befreiender Raum – eine innere Weite, die uns aufatmen lässt. In diesem Moment würdigen wir unseren Selbstwert, statt unsere Defizite zu fokussieren und die Negativität festzuhalten. Können wir in das, was ist, einwilligen, so können wir die Kraft des Lebens sehen, egal, was uns begegnet, was in uns geschieht. Vertrauensvoll können wir Wandlung zulassen.

Manchmal spüren wir den inneren Rückzug in unserem flachen Atem, der bemüht ist, mehr einzuatmen als auszuatmen. Wir schnappen nach Luft oder halten den Atem an: ein Bild, das die Angst ausdrückt, nie genug zu bekommen, die Angstenergie, die dem Muster des Nichtgenügens unterliegt. Das »Ja zum Leben« kann uns schwerfallen, Begonnenes unvollendet auf der Strecke bleiben, wie Schicksalsscherben, die darauf warten, zu einem Ganzen zusammengefügt zu werden. Dann brauchen unsere Lungen Zuwendung und Unterstützung. Gerät unsere innere Stabilität ins Wanken, verlieren wir den »langen Atem«, werden ungeduldig, kurzatmig. Druck schnürt uns die Kehle zu, bis uns die Luft ganz wegzubleiben scheint. Wir verstehen unser Leben nicht mehr, nichts hat mehr einen tieferen Zusammenhang, der goldene Faden unseres Schicksals scheint gerissen. Unser Atem stockt wie das Leben, in dem wir kaum noch Freude empfinden. Emotionale Zerrissenheit macht uns »hungrig« nach Liebe und Anerkennung. Leidenschaftlich suchen wir danach. Doch vom Geistigen abgetrennt, verstrickt in dramatische Gefühle, erscheint die eigene Lebensgeschichte mit ihren oftmals gewaltigen Verletzungen sinnlos. Wie bei Leo, der funktionierte, ohne sich zu spüren, und versuchte, sich anzupassen und es den anderen recht zu machen.

Leo erlaubt sich, in der Übung lang und vertrauensvoll auszuatmen. Er erfährt, dass genug Lebensenergie da ist und er nicht mehr »sparen« muss. Je tiefer er ausatmet, desto selbstverständlicher geschieht das Einatmen. Er muss nichts mehr machen. Der Atemkreislauf [7] lenkt den Fokus auf das tiefe, lange Ausatmen und auf den Wandlungsmoment der Stille, der zwischen jedem Aus- und Einatmen stattfindet. Der Atemkreislauf entfaltet in Leo ein körperlich spürbares Vertrauen und hilft ihm, seine alte Sichtweise der Minderwertigkeit in einem anderen Licht zu sehen: Sie darf da sein, ohne Wenn und Aber. Das ist wohltuend und macht ihn weicher. Er akzeptiert für diesen Moment sein Leben.

Vielleicht entdecken wir in einem solchen Augenblick in der Schwere die Leichtigkeit, in der Anstrengung die Mühelosigkeit und im Ernst das Lachen.

In welchem Licht sehen wir unser jetziges Leben? Fühlen wir uns gekränkt, beleidigt, verärgert, zu kurz gekommen oder zufrieden, heiter, gelassen in uns ruhend?

Wie empfinden wir unsere Lebensgeschichte? Denken wir, dass unser Leben unerfüllt geblieben ist? Oder spüren wir Harmonie, Frieden und Folgerichtigkeit in den Wellenbewegungen des Lebens? Wie erleben wir unseren Alltag? Zerrt das Rattern des vorbeifahrenden Zuges an unseren Nerven oder können wir die Schönheit des blühenden Magnolienbaumes an den Bahngleisen wahrnehmen?

Wenden wir uns unseren Sinnen zu, beginnt eine interessante Reise in die Wirklichkeit unseres Lebens. Wirklichkeit bedeutet, dass wir mit unseren wachen Sinnen und unserem Herzen ganz präsent sind – ganz im Körper, ganz in der Seele und ganz im Geist. »Lauwarme Präsenz« macht meistens müde: Wollen wir uns zum Beispiel an eine »starke Schulter« anlehnen und werden wir zurückgewiesen, befinden wir uns in der meist normalen Alltagsrealität. Oft zerbrechen wir uns über die empfundene Ablehnung den Kopf. Stattdessen könnten wir ganz gelassen beobachten, was jetzt gerade geschieht, und es akzeptieren. Meist läuft dann die Müdigkeit weg, und mit Gleichmut betrachtet, ist alles nicht so schlimm. Es könnte sogar lehrreich sein, denn es gibt uns die Möglichkeit, uns weiterzuentwickeln.

Vielleicht bemerken wir eigenartige, verschobene, »ver-rückte« Sichtweisen bei anderen Menschen. Statt deren Verhalten zu kritisieren, zu bewerten und über sie zu urteilen, könnten wir genauso gut von uns selbst sprechen. Denn in unserer Kritik beschreiben wir oft unsere eigenen Sichtweisen, das eigene Unbehagen, das wir auf andere projizieren. Dies zu realisieren, ist befreiend. Auch wenn es manchmal wehtut, Begegnungen mit Menschen sind unsere schönsten und intensivsten Herausforderungen, um zu lernen und zu wachsen. Wir schulen unsere Achtsamkeit, werden aufrichtig und können unsere Projektionen, die wir anderen überstülpen, zu uns zurücknehmen. Damit ermächtigen wir uns selbst, statt über andere Macht auszuüben. Es wird uns bewusst, dass es auch eine geistige Wirklichkeit gibt, die Dimension, die uns liebevoll hält und trägt; eine Wirklichkeit, in der sich das verlorene Gestern, das vergängliche Heute und das gestrige Morgen aus ihrer Verkettung gelöst haben. Wirklichkeit ist immer jetzt. Vom Jetzt ausgehend, erleben wir die Alltagsrealität anders. Wir lernen, durch das Herz zu sehen, zu fühlen, zu denken und zu wollen, und nehmen Gegensätze als Rhythmen der Einheit wahr.

Wie kann es gelingen, alte Sichtweisen abzulegen, die nicht mehr zu uns passen? Im Ansturm der Gedanken und Gefühle, die unsere alten Sichtweisen aktivieren, könnten wir einen Moment innehalten und unsere innere Ambivalenz freundlich betrachten. Sie gehört ja schon lange zu uns. Wir könnten doch einfach sagen: »Ich bin ambivalent«, statt: »Ich bin schuld oder du bist schuld«. Denn Schuldzuweisung ist meist das Ende vom Glück und der Anfang des Leidens. Sie trifft mitten ins Herz und schwächt das Selbstvertrauen.

Nehmen wir die »ambivalente Unsicherheit« doch lieber an, als sie vertreiben zu wollen. Zudem – unser Zweifel verträgt keine Härte, kein Ausgeschlossenwerden. Er kommt zum Hintertürchen wieder herein, ziemlich hartnäckig, quengelig, verärgert, unwillig, und wir fühlen uns noch wankelmütiger als zuvor.

Wir könnten dem Kopf erlauben, bange Fragen wie »Was ist richtig oder falsch? Was soll ich tun?« unbeantwortet zu lassen. Er darf sich »vor den Kopf gestoßen« fühlen. Zugleich gebührt ihm Respekt für seine Fähigkeit des kausalen, logischen Denkens. Das Herz kann sich dem Kopf gleichmütig zuwenden, ihm seinen brillanten Platz einräumen und Wandlungsprozesse zulassen, die uns auf unserem Weg seelenruhig weiterführen.

Wir könnten wie nach einer langen, anstrengenden Wanderung erleichtert aufatmen und uns bewusst werden, dass das Leben nicht als Kampf gedacht ist, sondern vielmehr als ein Wandern durch ein offenes Tal, von einem Wachstumsschritt zum nächsten. Wir könnten uns in der Wärme des Tages niederlassen und endlose, um sich selber kreisende Gedankenstrukturen im gegenwärtigen Augenblick zur Ruhe kommen lassen. Wir könnten einen nächsten Schritt in das Neuland tun, das sich vor uns ausbreitet und uns neue Aussichten schenkt: unsere eigene Einsicht. Sie muss nicht mehr an etwas glauben, nicht mehr im Außen suchen, sondern vertraut auf das tiefere, innere Wissen, das aus dem Selbst erwächst. Wir müssen nicht mehr die Figuren auf unserem inneren Schachbrett fremdbestimmter Sichtweisen hin und her schieben, sie endlos wiederholen und auf das nächste »Schachmatt« warten.

Wir können relevante Fragen stellen. Wer bin ich? Wer will ich sein? Und was will ich wirklich? Die essenziellen Fragen und Antworten des Lebens erwachsen aus dem »Augen-Blick«, in dem sich das Herz öffnet. In einem solchen unbeschwerten Moment, aus der »zeitlosen Zeit« geboren, müssen wir nicht mehr kontrollieren. Wir müssen nicht mehr die Mauern, die uns das wirkliche Sehen versperren, aufrechterhalten. Wir nennen diese unvergesslichen individuell und gemeinsam erlebten Momente, die uns »zu eigen« werden, Sternstunden des Lebens.

Statt Entweder-oder entfaltet sich das neue UND, das den Kampf der Gegensätze auflöst.

Durch die Übung »Ich bin in Liebe gehalten« (Seite 27 ff.) wird für Leo deutlicher und fassbarer, wie sich Vertrauen »anfühlen« kann. Daraus erwächst das neue Bewusstsein: »Ich bin ein Selbst[8] und ich habe eine Persönlichkeit«[9]. Dies beinhaltet, dass er nicht die Grauzone ist, sondern dass sich eine Persönlichkeitsstruktur[10] mit der Grauzone identifiziert hat. Seine Seele hingegen bleibt frei von ihrer beherrschenden Macht. Die Grauzone beherrscht nur einen Teil seiner Persönlichkeit. Er kann lernen, sich von ihr zu disidentifizieren[11] und mit dieser Persönlichkeitsstruktur in Kontakt zu treten, sie kennenzulernen, mit ihr zu kommunizieren, sie zur Kooperation einzuladen und zu wählen, welche Rollen er verändern will oder von welchen er sich verabschieden möchte. Er kann lernen, durch sein Herz zu sehen und nicht mehr den alten Glaubenssätzen anzuhaften, wodurch ihm bewusst wird, dass Heilung der Seele und des Körpers nicht von der Angst ausgeht: Denn Angst erzeugt Angst. Und Liebe erzeugt Liebe. Liebe begegnet der Angst und kann sie akzeptieren. Dadurch fühlen wir uns ganz nahe bei uns selbst, von Wärme durchströmt und tiefgründig geborgen. Durch die Liebe geschieht Wandlung. Leiden, Krankheit und Schmerzen können zwar unser Bewusstsein wachrütteln und wir können daran wachsen, heilend jedoch wirkt die geistige Essenz: das Licht, Ursprung der Materie, und die Liebe, die unsere Seele durchflutet.

Denken wir an die englische Schriftstellerin Katherine Mansfield, die den größten Teil ihres Lebens in großen Schmerzen verbrachte. Sie schreibt kurz vor ihrem Tod 1923: »Wir müssen dem Leiden nicht widerstreben ... Alles, was wir wirklich in unser Leben aufnehmen, wandelt sich. So muss Leiden zu Liebe werden, das ist es, was ich zu tun habe, ich muss vom persönlichen Lieben zur großen Liebe gelangen ...«

»Ich fühle mich jetzt eigenständiger ...«, stellt Leo fest, zufrieden mit sich selbst. »Diese Erfahrung möchte ich nachwirken lassen. Ich möchte zulassen, was ich fühle, ohne zu werten. Meine Persönlichkeit darf so sein, wie sie sich zeigt. Und ich kann sie mit meinem Herzen wahrnehmen. Das habe ich gespürt. Hier …«, und er zeigt wieder auf sein Herz wie am Anfang der Stunde, doch jetzt legt er statt der Faust seine geöffnete Handinnenfläche auf das Herzenergiezentrum[12], weich, mit geschlossenen Augen. Durch den tiefen, ruhigen Atem, der ihn von Kopf bis Fuß durchströmt, weitet sich sein Oberkörper. Ist es eine Ahnung von Freiheit?

Ich bin in Liebe gehalten

Der Entwicklung des Lebens vertrauen

In diesem Moment der Stille, der ganz Ihnen gehört, wenden Sie sich liebevoll Ihrem Herzen zu. Das klingt selbstverständlich, doch oft erleben Sie unmittelbar etwas, das Sie tief berühren kann: das Liebespotenzial Ihres Herzens. Sie erleben und spüren auch körperlich ein tiefes In-der-Liebe-Gehaltensein, aus dem die Qualität des Vertrauens in die Entwicklung Ihres Lebens erwächst.

Setzen Sie sich bequem hin. Ein paarmal tief ein- und ausatmen. Den eigenen Atemrhythmus wahrnehmen. Sich bewusst werden, dass das Einatmen von selber kommt, und den Fokus auf das langsame, tiefe Ausatmen lenken. Den »Ausatem« durch den Körper fließen lassen. Dabei die Körperempfindungen wahrnehmen: Wo fließt es, wo weniger? Liebevoll zulassen und einen Moment mit der Aufmerksamkeit dort verweilen, wo es weniger fließt, wo es sich eng anfühlt oder schmerzt. Erlauben, dass sich die Lebensenergie verteilen darf, so wie es jetzt für sie stimmt. Nichts tun wollen. Die Energie weiß, wie es geht.

Einfach geschehen lassen. Wenden Sie die Aufmerksamkeit liebevoll nach innen zu Ihrem Herzen. Spüren Sie Ihr physisches Herz. Ist es da eher eng, weit? Fragen Sie: »Herz, wie fühlst du dich jetzt?« Das Gefühl liebevoll annehmen. Das Herz darf sich so fühlen, wie es sich jetzt gerade fühlt. (Wenn Sie Ihr Herz nicht spüren können, dies erlauben. Mit der Zeit wird sich das ändern.)

Lenken Sie den Fokus auf Ihre Gedanken. Was sind das für Gedanken? Auch diese dürfen so sein, wie sie jetzt gerade sind. Erlauben Sie sich einen Moment, so da zu sein, wie Sie jetzt sind – mit Ihren Körperempfindungen, Ihren Gefühlen und Ihren Gedanken.

Fragen Sie: »Herz, was brauchst du jetzt von mir?« Vielleicht können Sie es Ihrem Herzen geben. Und wenn Sie möchten, stellen Sie sich vor, dass Sie mit Ihren inneren Händen Ihr Herz sehr zart und fein umhüllen, wie eine wunderschöne Blüte, in der Distanz, die für Ihr Herz stimmt. Vielleicht möchten Sie sich bewusst werden, spüren und innerlich aussprechen: »Ich bin in Liebe gehalten. Ich darf vertrauen.« Erlauben Sie sich, einen Moment in Ihrem Herzen zu verweilen, zu ruhen.

Atmen Sie ruhig, spüren Sie Ihren Körper und lassen Sie die Qualität des tiefen Vertrauens, das aus dem Gehaltensein in der Liebe erwächst, in Ihren Körper fließen, in jede Zelle in Ihrem Körper. Atmen Sie nochmals tief durch. Spüren Sie Ihre Hände, Ihre Füße, Ihre Wirbelsäule, Ihre Schulterblätter und öffnen Sie dann langsam die Augen.

Genießen Sie es, mit Ihrem Herzen in Verbindung zu kommen und der Entwicklung Ihres Lebens tiefer zu vertrauen.

Gläserner Himmel der Minderwertigkeit

Es geht darum, wahrzunehmen, was jetzt ist.
Kein Druck, nichts erzwingen, es nicht machen
wollen; es hingeben, dorthin, wo ich wählen
kann. Achtsam sein, horchen, wahrnehmen,
was wird.

Leo

Ein Sommertag neigt sich der Dämmerung zu. Es ist immer noch drückend heiß. Ich denke daran, dass die Hitze für Leo anstrengend sein muss. Wie geht er wohl damit um? Ich komme nicht dazu, danach zu fragen.

»Ich fühle mich sehr verletzt«, platzt es aus ihm heraus. »Sieben Jahre bin ich dort an meinem Arbeitsplatz. Mein Gruppenchef reklamiert, dass meine Arbeitsweise zu langsam sei; Mitarbeiter beschweren sich, man könne nicht mit mir reden, ich sei konfliktunfähig, ich würde mich nicht einbringen ...« – lange Pause. Mit großen, weit ausholenden Armbewegungen, als wolle er die ihn umgebende Luft in sich hineinholen, fährt er atemlos fort: »Ich genüge nicht.« Er sinkt in den Sessel. »Ich ziehe mich zurück. Ich will mich nicht zeigen ...«

Den eigenen Glaubenssätzen begegnen wir meist plötzlich, überraschend. Wie ein inneres Erdbeben können sie uns erschüttern, denn sie entsprechen fast nie den Vorstellungen, die wir uns von unserer Persönlichkeit machen. Auch zu viel »Gutes im Kopf« zu haben, ist manchmal hochtrabend. Vielleicht wäre weniger mehr. Darüber zu philosophieren ist müßig. Die Selbsttäuschungen spüren wir in unseren enttäuschten Gefühlen, und der Druck, den wir uns selber auferlegen, wird nur noch härter. Stattdessen können wir aufhören, unsere Glaubensmuster zu bewerten. Wir können lernen, sie zu erkennen und sie liebevoll anzunehmen. Auch wenn sie uns nicht gefallen. Akzeptanz ist erleichternd und gibt uns die Möglichkeit und den inneren Freiraum, mit Wohlwollen und Freude Verantwortung zu übernehmen. Akzeptanz braucht keinerlei Vorbereitung. Wir sind immer vorbereitet. Denn in dem Augenblick, in dem wir die Wahrheit des Momentes bemerken – angenehm oder unangenehm –, geschieht Wandlung: Wir sind bereit, eine Veränderung in unserem Leben zuzulassen. Angst und Druck können uns nicht mehr beherrschen.

Sein Herz sagt Leo in der Übung »Die Ruhe der inneren Achtsamkeit«[13] (Seite 35 ff.), dass feurige Wut in ihm lodert, eine Wut, die ganze Wälder verbrennen könnte. Ich bitte ihn, nachdem sein Atem ruhiger fließt, die Persönlichkeit, die mit der unbändigen Wut identifiziert ist, zu spüren und ihr zu erlauben, wütend zu sein. Er zögert, es fällt ihm nicht leicht.

In ihm zeigt sich Widerstand. Er spürt einen Schmerz zwischen seinen Schulterblättern, im Herzpunkt im Rücken[14]. Es ist wichtig, den Widerstand zu respektieren und nicht zu bekämpfen. Durch die Akzeptanz wird Leos Körper etwas weicher. Es ist eine neue Art des Handelns, nichts verändern zu müssen.

In sich ruhend kann Leo jetzt die wütende Persönlichkeit zulassen. Er spürt die ungebändigte Wut – ein starkes, kraftvolles Gefühl, das völlig neu für ihn ist. Überrascht entdeckt er, in der »eingefrorenen« Persönlichkeitsstruktur des »Minderwertigen« verborgen, glühende Wut. Er versteht jetzt, dass dieser Teil seiner Persönlichkeit ihn beherrschen kann – mit gewaltiger Macht und trostloser Ohnmacht zugleich.

Zulassen ist Achtsamkeit und Akzeptanz. Akzeptieren bedeutet jedoch nicht, etwas gut oder schlecht zu finden. Es heißt lediglich, die eigene Persönlichkeit respektvoll und wertschätzend wahrzunehmen, wie sie in diesem Moment ist, ohne irgendeine Wertung. Dies geschieht durch Mitgefühl des Herzens und Verantwortungsbewusstsein für das, was wir wahrnehmen. Wenden wir uns unseren bisher verdrängten Persönlichkeitsstrukturen zu, können wir mit den verschiedenen Mitgliedern unserer »persönlichen inneren Familie«[15] Freundschaft schließen, sie zu uns nach Hause, in unser Herz einladen, statt sie wegzustoßen. Sie gehören zu uns. Durch unser Verständnis fassen unsere Persönlichkeitsteile Mut, muten sich etwas zu, so wie sie gerade sind. Wir müssen nicht mehr eigene Fähigkeiten und Unfähigkeiten auf andere Menschen oder die Umwelt projizieren. Wir gewinnen Kraft, Lebendigkeit und Ausstrahlung.

Auf der Bühne des Lebens scheint der Himmel manchmal gläsern und zerbrechlich statt stark, weich, weit und beschützend. Unter dem Diktat der Minderwertigkeit lebt unsere Persönlichkeit oft fremdbestimmt, verspannt und eingeengt – wie bei Leo, dessen Lebensqualität von der Angst, nicht zu genügen, unbemerkt kontrolliert wird. Ein gläserner

Himmel kann zwar imposant schillernd aussehen, doch er bietet weder Schutz noch irgendeine Sicherheit. Er ist hart und muss es bleiben, unberührt, unnachgiebig, unantastbar, um den gläsernen Schein, der nicht als solcher erkannt wird, mit »Müh und Not« aufrechtzuerhalten. Menschliche Nähe und Wärme könnten verletzen, und die Angst davor ist unermesslich groß.

In einer Visualisierung[16] lässt sich Leo auf den »Minderwertigen« ein: Mit seinem Herzen kann er ihn ruhig anschauen, ihm erlauben, dass er sich so fühlen darf, wie er sich jetzt gerade fühlt. Sein Herz kann den Minderwertigen, so, wie er ist, in Liebe halten. Die innere Reise führt in neue Gefilde: in den Louvre. Dort steht der Minderwertige unter einer großen Kuppel. Der »nichtige« Mensch, klein und gebeugt, drückt sich an den Rand des Raumes. Leo schaut mit dem Herzen die sich minderwertig fühlende Persönlichkeit an. Er versteht ihre »verdrückte-bedrückte« Haltung und spürt Mitgefühl. Statt den Minderwertigen loswerden zu wollen, kann er den Kontakt mit ihm zulassen. Auf seine Frage »Was bietest du mir?« antwortet die minderwertige Persönlichkeitsstruktur: »Schutz, Wärme, Sicherheit.«

Diese Erkenntnis überrascht und berührt Leo. Er fühlt erstmals Respekt für den zarten, feinen Menschen, der eingeschüchtert unter der immensen Kuppel steht und ihm geholfen hat, zu überleben. Leo dankt ihm dafür. Ein bisher unbekanntes Gefühl durchflutet Leo: Er hat den Minderwertigen gern, er gehört zu ihm. In einem inneren Dialog erkennt Leo, dass er keineswegs bedrohlich ist. Seit Leo denken kann, hat er versucht, ihn zu bekämpfen, jetzt hat er ihn schätzen gelernt.

Der Mann, der nicht mehr kämpfen muss, freut sich und realisiert, dass er einen guten, inneren Freund gefunden hat, den er nicht mehr ausschließen will. Leos Gesichtszüge hellen sich auf. Das Lächeln eines neuen Bewusstseins, das seine Welt verändern könnte, breitet sich aus: Er sieht vor seinem Inneren Auge[17] nochmals den Minderwertigen, der sich offensichtlich freut, sich nicht mehr der Wand entlang drückt, sondern mitten im Louvre steht, allein und aufgerichtet.

Leo steht auf, geht auf mich zu, bleibt neben mir stehen. Schweigend schauen wir einen Moment aus dem Fenster, das den Blick auf die stille Wasseroberfläche des Zürichsees freigibt. In der sich niedersenkenden Dunkelheit scheinen sich Himmel und Erde zu berühren. In diesem Augenblick hat Leo seine alten Vorstellungen vergessen. »Ich kann etwas durchziehen. Das nehme ich mit ...«, sagt er ruhig und konzentriert, indem wir lachend feststellen, dass es angenehm kühl geworden ist ...

Die Ruhe
der inneren
Achtsamkeit

Die eigene Wahrheit
erkennen und akzeptieren

Wenn Sie Ihre Aufmerksamkeit nach innen wenden, spüren Sie eine Ruhe, die achtsam und hellwach ist. Erholen bedeutet oft, dass wir schläfrig und schlapp werden; die meditative Ruhe innerer Aktivität ist Wachheit und Präsenz. Achtsam und gelassen – im Bewusstsein, in Liebe gehalten zu sein – erkennen Sie Ihre Persönlichkeitsstrukturen und lernen, sich Ihrer Verletzlichkeit zuzuwenden und zu akzeptieren, wie Sie gerade jetzt im Leben stehen, statt wegzulaufen. Damit ermächtigen Sie sich selbst.

Setzen Sie sich bequem hin und wenden Sie die Aufmerksamkeit nach innen. Ein paarmal ein- und ausatmen. Spüren Sie Ihren Körper, nehmen Sie wahr, wie Sie auf dem Stuhl oder dem Kissen sitzen.

Den Atem tief durch den Körper fließen lassen, die Körperempfindungen wahrnehmen und erlauben, dass sich die Lebensenergie so verteilen darf, wie es jetzt für Sie stimmt, nichts machen oder verändern wollen.

Wenden Sie sich Ihrem Herzen zu. Vielleicht möchten Sie sich bewusst werden, spüren und innerlich aussprechen: »Ich bin in Liebe gehalten. Ich darf vertrauen.« Spüren Sie die Qualität des Vertrauens, die aus dem Gehaltensein in der Liebe erwächst. Lassen Sie das Vertrauen in Ihren Körper, in jede Zelle in Ihrem Körper fließen. Tief durchatmen. Stellen Sie sich eine Situation vor, in der Sie sich selber sehen, mit einem starken Gefühl identifiziert, zum Beispiel Wut. Sehen Sie durch Ihr Herz oder spüren Sie die wütende Persönlichkeitsstruktur. Welches Gefühl löst sie in Ihrem Herzen aus? Sagen Sie Ihrer Persönlichkeit, was Ihr Herz ihr gegenüber empfindet, und erlauben Sie ihr, dass sie wütend sein darf. (Wenn Sie die Wut nicht akzeptieren können, dann erlauben Sie es, dass es im Moment nicht geht. Es darf so sein, wie es jetzt gerade ist.) Fragen Sie die Wut mit Ihrem Herzen: »Weshalb bist du da? Was kannst du mir bieten?« Hören Sie die Antworten mit Ihrem Herzen, ohne zu werten.

In diesem Moment sind es Ihre Fakten. Wenn Sie keine Antwort bekommen, ist es auch in Ordnung. Fragen Sie zum Beispiel Ihre Wut: »Was brauchst du von mir?« Vielleicht können Sie Ihrer Wut das geben, was sie von Ihrem Herzen braucht: Zuwendung, Mitgefühl, Anerkennung, Akzeptanz, dass sie da sein darf.

Vielleicht können Sie ihr sagen: »Du gehörst zu mir.« Beobachten Sie, was geschieht, atmen Sie tief durch, spüren Sie sich gut in Ihrem Körper, Ihre Füße in Verbindung mit dem Boden.

Wenden Sie sich nochmals Ihrem Herzen zu und nehmen Sie wahr, wie es sich jetzt anfühlt. Vielleicht können Sie akzeptieren, dass die Persönlichkeitsstruktur, die Ihnen bis jetzt nicht gefallen hat, zu Ihnen gehört und dass Ihre Lebensenergie wieder frei fließen darf. Dann müssen Sie nicht mehr um etwas kämpfen, sondern Sie ermächtigen sich selbst. Atmen Sie nochmals tief ein und aus, spüren Sie Ihren Körper und öffnen Sie langsam die Augen, ganz in Ihrem Rhythmus.

Glückselige Ahnung

Zwischen der letzten Begegnung und der heutigen liegen sechs Monate. Der »Minderwertige« ist für Leo ein wertvoller innerer Freund geworden, der ihn im Alltag begleitet und ihn daran erinnert, dass er so sein darf, wie er ist, und dass er ihn gernhaben kann, gerade in schwierigen Momenten, in denen sich Unsicherheit und Resignation einschleichen wollen.

Fühlt sich Leo in seinem beruflichen Umfeld nicht wahrgenommen und nicht gehört, kann er das innere Seelenbild abrufen und im Herzen spüren, wie der feingliedrige Mensch, der Minderwertige, mitten im Louvre steht, konzentriert und aufgerichtet, ohne sich zu ängstigen.

Dieses Sich-nach-innen-Wenden[18] gibt Leo Selbstvertrauen und auch immer mehr die Kraft, gelassen »bei sich« zu bleiben, auch wenn er sich vor den anderen »blamiert« fühlt, wenn er Fehler macht, wenn er Vorwürfe und Kritik erfährt, wenn er keine Worte findet und sprachlos dasteht. Er geht liebevoller mit sich um und muss die Aggression nicht mehr gegen sich selbst richten. Die innere Wut beginnt sich zu lösen, und die in ihm frei werdende Energie findet neue Wege.

Wut ist geballte Energie. Oft macht sie sich auf der Türschwelle zur Glückseligkeit breit, schüchtert uns ein, übt Druck aus und terrorisiert uns. Sie unterdrückt unser Potenzial und hält uns vom Glück fern. Oft richten wir die Wut gegen uns selbst. Von Zeit zu Zeit »muss« sie explodieren, entlädt sich wie ein Gewitter, lässt Scherben zurück und baut sich wieder auf. Es ist sehr hilfreich, unsere Wut durch und durch zu verstehen. Dann verstehen wir die Welt. Wir lernen mit dem inneren Ballungszentrum umzugehen, statt das, was wir lieben, zu zerstören oder die explosive Kraft gegen uns selbst zu richten. Erkennen wir unsere Wut, können wir die kraftvolle Lebensenergie dorthin lenken, wo sie hingehört, in den heiligen Zorn, der uns selbstbewusst befähigt, für uns einzustehen und auszusprechen, was angebracht ist. Die zuvor mit Gewalt besetzte Schwelle wird frei, abgetreten zwar von unterdrückten oder ausgelebten Wutanfällen, doch vollkommen intakt. Wir nennen es auch »Patina« bei Dingen, die uns besonders lieb geworden sind und vom gelebten Leben erzählen.

In der psychoenergetischen Übung »Klang der Seele« (Seite 41 ff.) wendet sich Leo seinem Herzen zu. Durch die Vertiefung des Atems, durch die innere Achtsamkeit und das Lenken seiner Liebes-Lebensenergie[19] wird es ihm möglich, bewusst seinen Platz und Raum einzunehmen – eine Empfindung, die er im Körper, bis in seine Zellen hinein, spüren kann.

Verbindet sich die Herzensenergie mit dem Selbst in uns, spüren wir Selbstgewissheit. Ehren und achten wir unseren Selbstwert, können wir unsere selbstverständliche Daseinsberechtigung wiederfinden. Es ist, als könnten wir die chronologische Zeit anhalten und die Qualität der zeitlosen Zeit würdigen. Daraus erwächst die »Ich Bin-Präsenz«[20]. Präsent sein heißt, den eigenen Platz und Raum einzunehmen und dadurch den anderen Menschen, die anders sind als wir, ihren Platz zu geben. Dies geschieht ganz von selbst.

Ich Bin-Präsenz – unsere Herzenswärme und geistige Tiefe – ist schon da, bevor wir sie erkennen und bewusst wahrnehmen. Wenn wir sie jedoch begreifen, ist es ein Segen. Wir sind achtsam und gesammelt, weich und beständig im Denken. Wir spüren die wache Bereitschaft, zu beobachten und mit dem Herzen zu fühlen und zu denken. Daraus erwächst eine individuelle Weisheit, die wir nicht kopieren können. Eine Weisheit, die sich unbeschwert entfaltet, wenn wir beginnen, auf unsere vorgefassten Vorstellungen und auf unsere eingleisig festgefahrenen Sicht- und Denkweisen zu verzichten. Ein Verzicht, der oft schmerzt und zugleich enorm erleichtert. Wir befreien uns vom Ballast der Vergangenheit. Wir können es auch schlicht »Hausputz« nennen: aufräumen, entrümpeln, gehen lassen, Platz schaffen, leere Räume zulassen. Aus der Alltagserfahrung wissen wir, dass wir den Platz, sogar in der eigenen Wohnung, immer wieder freischaufeln müssen.

Leo spricht seine Gefühle und Gedanken, die er immer differenzierter wahrnehmen kann, laut und deutlich aus: »Mein Gefühl ist unabhängiger geworden, zum Beispiel meinem Chef gegenüber. Ich fühle mich weniger bedroht. Im Körper spüre ich Bewegungsfreiheit, ohne die Möglichkeit, aus mir heraus zu handeln, zu agieren. Das erweitert meinen Raum. Ich spüre meinen Rücken, er wird breiter, stärker. Meine Schulterblätter pulsieren.«

Eine heilige Stille erfüllt den Raum. Spürt Leo den Hauch eines Engels, der schützend seinen Rücken umhüllt – eine Ahnung der Glückseligkeit?

Klang der Seele

Den eigenen Platz und Raum einnehmen

Sie lernen, Ihren Platz und Raum einzunehmen, da, wo Sie sind; ein Raum, der Ihnen »zugehört«. Es ist der innere, stille Raum, in dem die Melodie des Universums in Ihnen erklingt und Sie wirklich »zuhören« lernen. Sie fühlen das »Glück, dazuzugehören«, und lauschen auf Ihre innere Stimme. In diesem Klangraum schwingt ein Bewusstsein, das Ihnen erlaubt, einfach »geschehen zu lassen«, eine Qualität des Liebe-Wille, die neue Räume in der Welt gestaltet. Das Geheimnis der Resonanz offenbart sich Ihnen.

Setzen Sie sich bequem hin und schließen Sie die Augen. Achten Sie auf Ihren Atem. Lassen Sie ihn fließen, bis Sie sich wohlfühlen. Dann lenken Sie den Fokus auf Ihr Ausatmen. Mit jedem Ausatmen kommen Sie tiefer in Ihren Körper hinein. Empfinden Sie Ihren Körper von innen her und lassen Sie zu, dass sich die Energie überall verteilt. Lassen Sie das Einatmen geschehen, versuchen Sie nicht, einatmen zu wollen; nach jedem tiefen Ausatmen kommt das Einatmen von selbst. Erlauben Sie sich, nach jedem Ausatmen den Wandlungsmoment der Stille wahrzunehmen.

Wenden Sie sich jetzt Ihrem Kosmischen Herzen[21] zu, dem Herzenergiezentrum in der Mitte der Brust. Spüren Sie, wie es sich anfühlt. Ist es weit und offen, eng und hart? Lassen Sie sich darauf ein, was Sie wahrnehmen, erspüren Sie Ihren Herzensinnenraum, die Tiefe und die Weite. Vielleicht möchten Sie Ihrem physischen emotionalen Herzen erlauben, sich in Ihrem Kosmischen Herzen niederzulassen.

Spüren Sie, wie sich das anfühlt. Erlauben Sie sich, einen Moment ganz tief in Ihrem Kosmischen Herzen zu ruhen, in dem sich das Licht des Universums und die Liebe der göttlichen Erde verbinden. Vielleicht möchten Sie sich bewusst werden, spüren und innerlich aussprechen: »Ich bin der Ausdruck der Verbindung von Himmel und Erde, Erde und Himmel in mir.«

Spüren Sie den Lebensstrom, der durch Ihren Körper fließt, in dem Sie tief verbunden sind mit dem Kosmos und der Erde, ganz weich, beweglich und aufgerichtet in der Wirbelsäule. Stellen Sie sich einen Baum vor, der tief in der Erde verwurzelt ist, einen starken Stamm hat und dessen Blätterkrone sich weich im Winde wiegt.

Erlauben Sie Ihrem Kosmischen Herzen, sich mit Ihrem Solarplexus (Sonnengeflecht), dem Energiezentrum des göttlichen Selbst in Ihnen, zu verbinden.

Spüren Sie, wie sich das anfühlt, und erlauben Sie sich einen Moment, ganz tief zu ruhen. Fühlen Sie, wie Sie jetzt da sind. Vielleicht möchten Sie sich bewusst werden, spüren und innerlich aussprechen: »Ich darf meinen Platz und Raum einnehmen.« Oder: »Ich nehme meinen Platz und Raum ein.« Erkennen Sie, was für Sie eher stimmt.

Atmen Sie tief und ruhig. Empfinden Sie die innere Tiefe und Weite in Ihrem Körper – und vielleicht auch um ihn herum – in ihren feinstofflichen Energiekörpern[22].

Nochmals tief ein- und ausatmen, Hände, Füße und die Wirbelsäule spüren und dann langsam die Augen öffnen. Erfreuen Sie sich daran, dass Sie in Ihrem Leben Ihren Platz und Raum einnehmen und dadurch den anderen Menschen auch Platz und Raum geben, ohne dass Sie etwas machen müssen. Denn wenn Sie bei sich sind, ohne zu werten, kann der andere Mensch, der anders ist als Sie, auch seinen Raum einnehmen. Dadurch ermöglichen Sie bewusste Energieräume, in denen Wandlung geschehen kann.

Aktives Geschehenlassen

Hingabe an das, was jetzt gerade ist. Hingabe heißt: gegenwärtig sein. Hingabe heißt: mich wirklich lieben. Hingabe heißt: mich einbringen, mich zeigen.

Leo

Tropische Sommerhitze. Schon bei der Begrüßung teilt mir Leo mit, dass er heute vielleicht öfter aufstehen werde, um den Hitzestau in seinem Körper zu lindern. Die Selbstverständlichkeit, die eigenen Bedürfnisse mitzuteilen, ist neu. Und dass er das Selbstverständliche sofort umsetzt: Er verschwindet für eine Weile im Badezimmer. Er genießt die Situation. Mit wasserüberströmtem Gesicht beginnt er zu erzählen: »Hitze ist für mich gesundheitlich eine enorme Belastung. Ich habe diesen Sommer viel gelernt, die Hitze ist für mich eine große Lehrmeisterin geworden. Wenn ich nicht gegen die Hitze bin und mit der Hitze mitgehe, kann sie mir nichts anhaben.«

Er bemerkt, dass ich einen Ventilator gekauft habe, der die Luft etwas kühlt, und meint, es passe zum Thema: »Es ist erstaunlich, wie ich in diesem Sommer trotz der großen Wärme arbeiten konnte, ohne zu leiden. Für mich ist es wichtig geworden, wie gehe ich jetzt mit der Hitze um, jetzt, gerade jetzt. Ich wollte mich nicht mehr mit den Gedanken an morgen beschäftigen, morgen, wenn ich in den überhitzten

Räumen arbeiten muss, sondern wie verhalte ich mich *jetzt*. Und jetzt spüre ich, dass ich mich nicht gegen die Hitze auflehnen muss: Ich kann wählen, wie ich der Hitze begegnen will.«

Beginnt die Lebensenergie des individuellen LiebeWille, der unsere Seele und unseren Selbstwert würdigt, zu fließen, wählen wir anders als gewohnt. Es sind nicht mehr die Ziele, die uns interessieren und motivieren, sondern unsere Lebensqualität. Die innere Haltung, mit der wir dem Leben begegnen, ist wesentlich: Gehen wir bei unserer Wahl von der Liebe aus oder von der Angst? Gehen wir vom Vertrauen, von der Fülle des Lebens aus oder vom Mangel und der eigenen Bedürftigkeit? Wählt die Liebe, so können wir dem Geschehen vertrauen und uns selbst und unsere Projekte organisch wachsen lassen. Wir übernehmen Verantwortung für das, was wir tun und lassen.

Leo nimmt einen kleinen blauen Notizblock hervor. Er hat das Bedürfnis, in seinem Ausdruck, in seiner Wortwahl präziser und deutlicher zu werden, und liest vor: »Vertrauen wächst zu dem, was ich in mir wahrnehme. Ich beginne, geschehen zu lassen. Es fängt an zu greifen. Das andere, die Grauzone ist noch da, aber sie greift mich weniger an. Ich fühle mich nicht mehr so getrieben. Ich kann sie besser am Rande stehen lassen. Ich beginne, einen Überblick zu gewinnen. Eine neue Perspektive, die ich mir nicht mehr nehmen lasse. Wahrnehmen, was am Werden ist. Und täglich neu anfangen – das ist jetzt wichtig für mich.«

Die Ahnung der Glückseligkeit hat Leo beflügelt. Ich schlage ihm eine Übung vor, die das Fließen der

Lebensenergie in seiner Wirbelsäule, in seinen Schulterblättern, seinen »Engelsflügeln«, anregt und harmonisiert.

Wenn wir liebevoll den Fokus zum Kosmischen Herzen lenken, über den Herzpunkt zwischen den Schulterblättern auf das zentrale Nervensystem, das Rückenmark, können wir das innere Auf- und Ausgerichtetsein erleben, das uns Rückhalt gibt und uns hilft, die kraftvolle Qualität des individuellen LiebeWille zu spüren. Durch das spürbare Fließen der Liebes-Lebensenergie in unserer Wirbelsäule verbinden wir uns mit der kosmischen Energie und mit der Liebesqualität der Erde. Wir können uns als Ausdruck der Verbindung von Himmel und Erde erfahren. Dieses Erleben löst Ruhe und Wärme im ganzen Körper aus. Fokussieren wir Hände und Füße, können wir unsere Handlungsfähigkeit spüren: Unser Leben hat »Hand und Fuß«.

Die feinen Nuancen seiner Handlungsfähigkeit spürt Leo in seinem ganzen Körper; in seinem Herzen bilden sich zwei Wörter: Turm und Tanne. Aus dem Wortklang erwächst ein inneres Bild: Er sieht einen uralten, schlanken Turm, der ganz oben ein Fenster hat, das Übersicht und Weitsicht zulässt. Es ist der Turm einer Kathedrale, der die umliegende Stadt weit überragt. Das wechselnde Licht strahlt Geborgenheit aus. Es ist das göttliche Licht. Leo sieht sich selbst so, wie er jetzt ist. Er steht vor dem Turm und möchte hineingehen. Doch es geht nicht ... Hier bricht die Imagination ab.

Gäbe es ein Plakat der Minderwertigkeitsgefühle, so würde dort sicher mit großen Lettern stehen: »Ich will, und es geht nicht ...« Der innere Saboteur ist am Werk. Diese Persönlichkeitsstruktur sabotiert unsere Gefühle, unsere Gedanken und unseren Körper. Sie kann ziemlich hartnäckig sein, außerordentlich aufdringlich und dynamisch in ihrem in sich selber kreisenden, subversiven Spiel. Oft quält uns der »Saboteur« mit Nacken- und Rückenschmerzen, denn er fällt uns mit seinen heimlichen Machenschaften in den Rücken – unberechenbar, hinterhältig und kontrollierend. Wir fühlen uns wie auf die »Folter gespannt«. Liebe und Wille sind eingeklemmt zwischen sehr hohen Erwartungen uns selbst gegenüber, die man oft als Hypotheken seit der Kindheit mitträgt, und der lebenslangen unbewussten Weigerung, diese zu erfüllen. Der Widerstand, aus dem eine Art »Totstellreflex« erwachsen kann, indem man sich selbst nicht mehr spürt oder krank wird, ist sehr gut nachvollziehbar. Es ist wichtig, die psychodynamische Struktur zu respektieren und sie nicht mit Gewalt, das heißt mit dem gewohnten starken Willen, überwinden zu wollen. Nur der liebende Wille sich selbst gegenüber, Verständnis und Wohlwollen für das eigene Schicksal, wie zum Beispiel bei Leo eine tiefe Akzeptanz seiner körperlichen und seelischen Konstitution, sind Bewusstseinsschritte, die weiterführen.

Im Bild des Turms und des wechselnden Lichts, das Leo als göttliches Licht erkennt, begegnet er ganz leise seiner eigenen Tiefe und seiner in ihm schlummernden Spiritualität. Er ist froh darüber und willigt ein, dass alles seine Zeit brauchen darf, eine Erkenntnis, die ihm sehr guttut. Er muss weder in den Turm hineingehen wollen noch können. Dieses befreiende Gefühl lässt ihn den Boden unter den Füßen spüren und vertieft das Neuentdeckte: geschehen lassen, wirklich geschehen lassen ... Dafür muss Leo nicht unbedingt »seine Kathedrale« betreten oder ein Ritual vollziehen. Auch wenn er es in seiner Imagination könnte, es würde keinen Unterschied machen; denn das wirkliche Geschehen liegt vor oder hinter allen Bildern: das ursprüngliche Urvertrauen, besitzlos auf nichts bezogen und doch mit allem verbunden.

Ein passendes Beispiel sind seine Ferien in Irland, von denen er gerne erzählt: »Unversehens spüre ich heftige Schmerzen in meiner Brust, als ich mit Eva eine Wanderung antreten will. Die Atemnot, der Druck auf der Brust machen mir Angst. Ich kann nicht losziehen. Plötzlich erinnere ich mich an die Lungenentzündung vor genau einem Jahr, die sich mit demselben Schmerz angekündigt hatte. Als ich mir dessen bewusst werde, spüre ich Freude und Dankbarkeit für alles, was sich in der Zwischenzeit ereignen durfte. Der Schmerz löst sich und ich weiß, dass meine Lungen Zuwendung und Ruhe brauchen.« Zeit, die er seinem Körper gerne gibt. »Heilige Momente lassen sich nicht entwerten«, fügt er hinzu. »Es ist meine Zeit; das, was jetzt ist, gehört zu dem, was möglich werden wird ...«

Leo verabschiedet sich mit den Worten: »Ich darf der sein, der ich bin. Eigenständig. Beständig.« Und dann kopfschüttelnd, frohgemut: »Ich verstehe und ich verstehe nicht ...« Wir lachen – sein »guter Kopf« hat offenbar keine Schublade, das Erlebte einzuordnen. »Ach ja«, kommt es ihm noch auf der Treppe in den Sinn, »die Tanne, was war eigentlich mit der Tanne? Sie war wohl nicht so wichtig. Ich bin gespannt, wie es weitergeht. A bientôt.«

Erlösender
Wandlungsmoment

A bientôt ... der »frohgemute« Abschiedsgruß vom
letzten Mal scheint unerwartete Konsequenzen zu
haben. Leo stellt sich breitbeinig in den Raum, bleibt
stehen, bewundert die weiße Lilie, die in einer hohen
Vase am Boden steht, nimmt ihren Duft wahr, rückt
den Sessel etwas weg von der Wand, näher zur Mitte
hin und lehnt sich entspannt zurück.

Er erzählt. Das Bild des Turmes hat ihn weiter
begleitet und ist innerlich lebendiger geworden.
Plötzlich kann er in den Turm hineingehen, der Blick
nach oben ist frei, um ihn herum große Fenster, Licht
durchflutet den Raum, aber die Lichtquelle bleibt
unauffindbar. Atemlos werdend erzählt er weiter: »Ich
spüre einen Stoß. › Geh weiter‹, höre ich den Befehl
einer Stimme. Ich fühle mich nackt, hilflos, ausgeliefert. Angst steigt in mir auf: Jetzt werde ich alles
verlieren ... Etwas hält mich zurück. Ich muss stehen
bleiben. In einiger Distanz sehe ich ein Loch, eine
sumpfige Kloake, sie ist einbetoniert, rund, schwarz,
bedrohlich. In diesem Moment bekomme ich rasen-
des Herzklopfen. Und ich erinnere mich: Alles darf
sein. Und alles ist in Liebe gehalten. Langsam werde
ich ruhiger. Ich fühle mich beschützt ...« Leos Seele
hat offensichtlich mitgehört und das »bis bald« ernst

genommen. Sie lässt den Menschen, der sie respektvoll einlädt, nicht lange auf ihre Taten warten.

Leo hat Vertrauen gefasst, sich zu getrauen. Was ich heute an seinem Auftreten wahrnehme, führt mich zu der Frage: Hat die innere Dynamik des neuen Bewusstseins – »Ich darf so sein, wie ich jetzt bin« – sein altes Paradigma, »nicht zu genügen«, auf den Kopf gestellt?

Wie wohltuend ist die Stimme eines Menschen, wenn wir ihr vertrauen und sie uns sagt: »Geh weiter ...« Gerade dann, wenn wir Angst haben, uns unsicher fühlen und uns alles über den Kopf zu wachsen droht. Hören wir die Stimme unserer Seele, dürfen wir ihr auch vertrauen. Meist führt sie uns in tiefere, noch unbekannte Gefilde, die uns vielleicht nicht gefallen, vor denen wir Angst haben, ja vielleicht sogar in Panik geraten. Dann ist es gut zu wissen, was uns Hermann Hesse mit seinem wunderschönen Gedicht »Stufen« wissen lässt: »Und jedem Anfang wohnt ein Zauber inne, der uns beschützt und der uns hilft zu leben.« Dies gilt nicht nur für äußere Ereignisse, sondern auch für die »dunkle Nacht der Seele«, die das Licht sucht und findet, weil sie Teil des Lichtes ist. Das Licht erhellt die Dunkelheit und gibt uns Kraft.

Leo erlebt Wesentliches: Er begegnet der Grauzone, seiner inneren Leere, vor der er zeitlebens Angst hatte. Er akzeptiert seine Angst und wendet die Aufmerksamkeit seinem Herzen zu, sodass das Vertrauen in sein tieferes, inneres Wissen spürbar wird – gewachsen wie ein Baum, dessen Äste sich im Sturm weich und geschmeidig bewegen, ohne zu brechen.

Leo lässt sich von seinem Herzen weiterführen: »Zaghaft gehe ich näher zum Loch, dunkle Leere. Erstarrt nehme ich die Finsternis wahr, bodenlos. Ich bleibe stehen und merke, dass die Leere nicht bedrohlich ist, nicht eiskalt, so wie ich es mir vorgestellt hatte ...« Er lehnt sich erschöpft zurück, nachdem er sein Erleben nochmals in Worte gefasst hat. Er fühlt sich »grenzenlos« erleichtert. Das Gehaltensein im Kosmischen Lebensstrom[23], den er in seinem Herzen, in seiner Wirbelsäule, in seinem ganzen Körper bis in jede Zelle spürt, lässt ihn tief und lang durch seinen Körper ausatmen, statt ängstlich nach Luft zu schnappen. Seine Hände und Füße werden warm. Er fühlt sich geborgen, getragen und zugleich tief verwurzelt in der Erde, mit beiden Füßen auf dem Boden. Urvertrauen breitet sich in seinem Körper aus. »Ich bade in der Erde und erkenne den wirklichen Ort des Geschehens. Das Loch ist in der Erde, dunkel, höhlig und warm.«

Stell dir vor ... und da ist nichts!« Die Angst vor der inneren Leere ist ein reales Gefühl. Ein Gefühl, das uns lähmt. Wir fühlen uns vom Geistigen abgespalten. Der seelische Schmerz macht uns glauben, dass in uns ein Abgrund sei, ein »schwarzes Loch«, das uns verschlingen könnte, vernichten, töten. Es ist »das Grauen vor dem Nichts«. Gehen wir dorthin, wo unsere Ängste sind, treten wir an den Abgrund. Wagen wir stehen zu bleiben und hinzuschauen, können wir unsere tiefsten Ängste erkennen. Das bedrohliche »schwarze Loch«, dessen Sog Panik auslöst, zeigt sich zwar real, ist jedoch unwirklich.

Leo dachte während vieler Jahre, dass er ins Nichts stürzen würde, wenn er sich seiner inneren Grauzone zuwenden würde. Er versuchte, das diffuse Lebensgrundgefühl zu kontrollieren, indem er nichts spürte. Besser das Nichts des Lebendiggestorbenseins ertragen, als in den Abgrund des Nichts zu stürzen. Leo erlebt nun, dass es gar keine Leere gibt. Er entdeckt, dass er in die Mitte seiner vorgestellten Leere treten kann. Sie ist nicht grausam, sondern zeigt sich wider Erwarten bewohnt. Er geht in das »unbetretene Land des nicht zu Betretenden« und nimmt erstaunt zur Kenntnis, dass das sogenannte Böse seine magische Kraft verliert, wenn er nicht mehr wegläuft. Von der Wirklichkeit umfassender Liebe ausgehend, erkennt er die Wahrheit, dass er nicht von Gott getrennt sein kann.

Leo fühlt sich im Einklang mit der Ordnung der Liebe, so wie es uns die Geschichte eines kleinen Jungen zeigt, dem der Vater ein schwieriges Puzzle zum Spielen gibt. Der Vater wollte endlich etwas Ruhe haben. Doch schon nach einer kurzen Weile steht sein Sohn vor ihm. Strahlend zeigt er ihm das fertige Bild. »Wie konntest du das so schnell machen?«, fragt der Vater erstaunt. »Ganz einfach: Auf der Rückseite waren zwei Menschen abgebildet. Die habe ich richtig zusammengesetzt. Und als die Menschen in Ordnung waren, war es auch die Welt.«

»Mein Licht leuchtet in der Dunkelheit.« Diese Erkenntnis nimmt Leo mit in seinen Alltag, ermutigt. »Ich will hinschauen auf das, was mir im Alltag bedrohlich erscheint, mir Angst einflößt, und beobachten, was es mit mir macht ...« Leo hat gelernt, sich von seiner Angst zu disidentifizieren, er kann sie wie von außen beobachten, ohne in ihre Energiefelder hineingezogen zu werden.

Größe des Lebens

Wenn ich Müdigkeit spüre, will ich sie wahrnehmen, sie darf sein. Ich halte dabei am
Gegenwärtigsein fest. Ich begegne der Müdigkeit von dort, wo ich nicht konditioniert bin,
dort, wo ich wählen kann. So werde ich
unabhängig von der Müdigkeit. Sie ist nicht
maßgebend. Sie bestimmt mich nicht mehr.

Leo

Der kleine, blaue Notizblock fliegt auf den Boden.
Leo lacht: »Den brauche ich heute nicht ...« Als er jetzt
zu sprechen anfängt, wird mir vollkommen klar, dass
er für die folgenden Worte tatsächlich keinen Notizblock braucht: »Ich genüge ...« Diese Worte stellt er
mitten in den Raum, als baue er seinen unsichtbaren
Turm, sein inneres Bild, das ihn in den letzten
Wochen in seiner Seele genährt und gestärkt hat, vor
unseren Augen konkret auf. In diesem Moment stellt
er »sein Licht nicht mehr unter den Scheffel«. Und
dies ist das Neue in seinem Leben: Gegenüber seinem
Chef fühlt er mehr »Standpunkt«, wie er es nennt. Er
hat beschlossen, sich in ein anderes Büro versetzen zu
lassen, und signalisiert, dass es darüber im Augenblick
nicht mehr zu sagen gebe.

Leos innere Bilder tauchen mittlerweile unerwartet auf, wie Seelenverwandte, die jederzeit willkommen sind. Sie lösen in ihm ein gutes, angenehmes

Gefühl aus, ein Empfinden, das ihn öfter lächeln lässt, wie einen kleinen Jungen, der einen Piratenschatz gefunden hat und der glücklich ist, ein Geheimnis zu haben, das nur er kennt.

Das Geheimnis der Seele zu bewahren, ist ein starkes Gefühl. Wir erleben es unmittelbar, und es ist nicht nötig, darüber zu reden. Statt Luftschlösser zu bauen, erbauen wir das eigene, innere Land, das durch die innere, gelebte Haltung eines Menschen spricht, »mit mehr als tausend Worten«. An Sprachlosigkeit gewöhnt, erlebt Leo jetzt diese Kraft des »goldenen Schweigens«, worin sich die Wandlungskraft der Seele zu neuen Taten sammelt.

Auch Leos »Turmgeschichte« hat sich innerlich in ihm weiterentfaltet. Er entdeckt einen großen Saal, in dessen Mitte ein viereckiger Tisch steht, und er sieht vertraute Menschen, die ihre Mahlzeit genießen. Der Saal ist Treppenhaus und Wendeltreppe zugleich, die nach oben, in neue, noch verschlossene Räume führt.

Seelenbilder eröffnen neue Welten. Sie ermöglichen den Zugang zu unserer inneren Kraft, die durch Symbole zu uns spricht. Die Symbolsprache – Muttersprache der Seele – erschließt uns den »gesunden Menschenverstand«. Das Symbol weist auf das noch nicht geformte Gewusste hin. Ist es bewusst geworden und haben wir den qualitativen Inhalt integriert, brauchen wir es nicht mehr. Ist ein Geschehen einleuchtend, wirkt es direkt.

Für Leo wird klar, dass der Turm, den er zu Beginn seiner inneren Reise nicht betreten konnte, für ihn nun vertraut geworden ist: Die Atmosphäre der gemütlichen Tischrunde wirkt einladend und lebensfroh. Und dann das einzigartige

Treppenhaus: Es bringt Bewegung, genauso wie uns Treppen in der Alltagsrealität einladen, hinauf- und hinunterzusteigen, auf den Stufen auszuruhen, einen Überblick zu gewinnen, unerwartet Menschen zu begegnen, die uns bereichern, bis es an der Zeit ist, das alte Haus zu verlassen und weiterzugehen. Für Leo deutet der Turm auf diesen Wandel hin. Zuvor führt ihn die Wendeltreppe nach oben, in die für ihn bisher noch verschlossenen Räume.

In der Meditation taucht nochmals das Loch auf, zuerst als ein Brunnen, der wie ein Vulkan brodelt. Die Glut der Lava könnte die umliegende Erde verbrennen. Plötzlich sprudelt Wasser aus der Tiefe der Erde – eine unsägliche Wohltat in Leos Empfinden. Dann verwandelt sich der Feuerbrunnen in eine Erdensonne mit zwölf Strahlen; eine zweite Sonne zeigt sich am Himmel.

Über den »Feuerbrunnen« hat sich wie von Zauberhand ein breiter Holzbalken gelegt, eine Brücke, die über das Loch führt, das noch vor kurzem Abgrund und Vernichtung bedeutete. Jetzt kann Leo über die Brücke gehen, von der Grauzone in das für ihn neue, eigene Land, das er sich tief ersehnte und doch bisher nicht finden konnte: das Land seiner geistigen Heimat. »Ankommen, zu Hause sein ... Hier riecht es wie in einer Holzsägerei«, lacht Leo verschmitzt.

Es ist fast wie ein Wunder, wenn wir die Symbolkraft der Seelenbilder sinnlich wahrnehmen können. Dadurch werden sie ganz lebendig, konkret spürbar und wirksam. Das intellektuell unüberbrückbar Erscheinende wird aus der ängstlich-kontrollierenden Ratlosigkeit erlöst. Es ist ein neues Selbstgefühl, wenn uns die ursprüngliche Lebenskraft bewusst wird, die wir im mythischen Bild der Sonne auf allen Stufen der menschheitlichen Entwicklung finden.

Ist dies die unbändige Kraft in uns, die uns befähigt, nicht aufzugeben, täglich neu zu beginnen, uns selbst zu finden, Frieden zu wollen und sinnvoll zu handeln? Durch unsere Sinne nehmen wir die innere und äußere Welt wahr. Die Resultate unserer Sinneswahrnehmungen bündeln sich qualitativ durch unsere Nerven in den Energiezentren, den Sinnesorganen der Seele. Erkennen wir unsere Glaubenssätze, reinigen sich unsere Sinne; wir werden wacher. Befreien wir uns von den »alten Eindrücken«, sehen wir klarer, hören tiefsinniger und berühren feinsinniger. Müssen sich unsere Sinne nicht mehr durch unsere alten Vorstellungen hindurchwinden, können wir oft über sie lachen. Humor breitet sich aus. Unsere Sinneswahrnehmungen sind nicht auf konkrete Ereignisse angewiesen, sondern entfalten ihre Glücksmomente dank innerer Aktivität. Deshalb können wir durch unser Herz größere Zusammenhänge erkennen und akzeptieren: Nicht mehr zeitgemäße Verkettungen lösen sich, Verpasstes können wir qualitativ nachholen und Gelebtes »zurechtrücken«, in die Mitte rücken, dahin, wo es hingehört.

Leo hat den Wunsch, die Energiequalitäten seiner neuen inneren Bilder im Körper zuzulassen. In der Meditation erlebt er, dass ihn feine goldene Sonnenstrahlen durchfließen; ich nenne diese Lebensenergie »den goldenen Nektar der Liebe«. Ein Gefühl der Eigenständigkeit richtet ihn sichtbar auf: »Das, was ich als leer in mir empfand, hat sich gefüllt. Ich ahne die innere Substanz der Präsenz, das Im Einklang-Sein ...«

Im Alltag fühlt er sich wohler, luftiger in seiner Haut. Er hat mehr Lebensenergie zur Verfügung, was er auch in der Beziehung zu seiner Frau Eva spürt. Lächelnd meint er: »Wir sind ein kompaktes Paar.«

Sein Herz zu fragen ist ihm vertrauter geworden. Oft schweigt es zwar, aber das irritiert ihn weniger. Das Vertrauen in das Geschehenlassen ist gewachsen. »Das Leben beginnt mir eine gewisse Größe zu geben. Ich mache es nicht, es geschieht. Ich bin gespannt da ...«, sagt er und fährt fort: »Und doch erfasst mich von Zeit zu Zeit große Trauer, eine unbekannte Trauer.«

Wieso zeigt sich gerade in dieser Zeit, in der seine Lebensenergie ins Fließen kommt, Leos Trauer? In einer Zeit der Lebensfreude? In einer Zeit der Fülle? In einer Zeit, in der er erstmals selbstverständliche Autonomie empfindet, in der er beginnt, sein bisheriges Leben mutig aus den Angeln zu heben? Nachdenklich verabschieden wir uns.

Ungeweinte Tränen

Nach dem großen Ausatmen des Sommers bereitet sich die Erde auf den Herbst vor: Die Ernte des ganzen Jahres wird eingebracht. Im zweiten Jahr der Therapie, im September, wird Leo stiller, als würde er sich den Qualitäten der Jahreszeiten anvertrauen. Die Fülle seines Jahres zeigt sich anders, als er es vielleicht erwartet hat. Es sieht so aus, als würde er »einbrechen«, und seine gewonnene Autonomie scheint sich zurückzuziehen.

Manchmal sagen wir: »Die Bäume wachsen nicht in den Himmel ...« Vielleicht ist es uns nicht bewusst, dass diese Aussage nichts mit Rückschritt zu tun hat oder mit dem Gefühl »Es hat doch alles keinen Sinn ... Ich bin kein bisschen weitergekommen ...«, sondern mit der Gesetzmäßigkeit des Wachsens: Bewegung, fließende Übergänge, Stufen des Lebens, bereit zum Abschied und zum Neubeginn, ständig wechselnd. Denn wir müssen nicht, um bei diesem Bild zu bleiben, in den Himmel wachsen, wir sind schon dort. Der Himmel ist in uns. Unsere Entwicklungsschritte sind nicht linear, sondern fließend. Sie entziehen sich der intellektuellen Wertung. Sie sind einmalig, nicht wiederholbar und deshalb nicht beweisbar. Tiefere Schichten unserer Seele können sich zeigen, wenn das Vertrauen in uns gewachsen ist. Ist ein Entwicklungsschritt getan, bahnt sich der nächste an. Oft hat ein Lebensthema verschiedene Nuancen, Gefühle und Gedanken, sodass es immer wieder auftaucht, bis wir bereit sind, hinzuschauen und Wandlung zuzulassen.

Wenden wir uns der Tiefe unserer Lebensgeschichte zu, begegnen wir oft großer, unendlicher Trauer, einem riesigen Trauermeer, vor dem wir Angst haben. Denn es könnte uns überfluten und uns in den Abgrund reißen. Meist werden wir mit einer sehr alten Wunde konfrontiert, mit einem »Lebensthema«, mit einem Schmerz, der unüberwindbar erscheint, gegen den wir uns trotzig aufbäumen. Wir fühlen uns machtlos. Die alten, gewohnten Muster, wie bei Leo das Nichtgenügen, das aus einer tiefen Verletzung, einem Trauma entstanden ist, können eine emotionale Mauer des Widerstands gegen das eigene Schicksal, gegen das Leben, gegen die Tatsache aktivieren, dass die Sehnsüchte nicht erfüllt werden. Maßlose Ängste reißen uns zwischen Trauer und Wut hin und her. Der Kampf gegen das Leben lässt sich nicht gewinnen. Und wir versuchen es dennoch immer wieder.

Jetzt ist es an der Zeit, dass sich Leos Seele von der Trauer berühren lässt. Er muss nicht mehr befürchten, von den Verletzungen der Vergangenheit überwältigt und ausgehöhlt zu werden. Es darf alles an seinen angemessenen Platz fallen, wie er es ausdrückt.

In den Herbstmonaten verändert sich das Licht in meiner Praxis, nahe am Ufer des Zürichsees, sodass die Stimmungen der Jahreszeiten wie in einem Bild von Raoul Dufy, »Interior with Open Window«, durch das Fenster Einlass finden. Es sind schöne Momente, in denen das Sonnenlicht eine goldene Straße auf dem Wasser des Zürichsees zeichnet. An diesen Tagen fließt das Licht wie pures Gold durch das Fenster bis zur Tür. Es ist zauberhaft zu beobachten, wie Leo die Tür öffnet, auf dem Sonnenstrahl steht und achtsam den Raum betritt.

Diese Situation erinnert mich an das Märchen »Das Wasser des Lebens« der Gebrüder Grimm. In diesem Märchen vereinigen sich die beiden stärksten Lebenskräfte, nämlich Liebe und Wille. Dass die Liebe wählt und der Wille das Gewählte ausführt, zeigt sich im Schicksal des jüngsten Königssohns, der nicht wie seine Brüder dem materiellen Denken folgt. Er findet, indem er die »Bewährungsproben« des Lebens meistert, das Wasser des Lebens, mit dem der alte, kranke König geheilt werden kann. Als Belohnung soll er die schönste Königstochter bekommen. Er muss sich jedoch als Geliebter und zukünftiger König würdig erweisen und befähigt, zu lieben und sein Land zu regieren. Dass Weisheit sprudelnde Lebensqualität und »Beschwingtsein« beinhaltet, offenbart sich in einem wunderbaren Bild: Die Königstochter lässt vor ihrem Schloss eine golden glänzende Straße bauen. »Wer geradewegs darauf zu ihr geritten komme, das sei der Rechte, und den sollten sie einlassen, wer aber danebenkomme, der sei der Rechte nicht.« Seine Brüder wollen mit aller Macht die Liebe der Schönen gewinnen. Hoch zu Ross sehen sie die goldene Straße, die zum Schloss führt, und denken, dass es doch schade sei, das kostbare Gold zu beschädigen. »Es wäre jammerschade, das könnte etwas abtreten ...«, und sie reiten, einer rechts, der andere links von der goldenen Straße, zum Tor. Der Einlass wird ihnen verwehrt. »Als nun das Jahr ganz herum war, wollte der Dritte aus dem Wald fort zu seiner Liebsten reiten und bei ihr sein Leid vergessen. Also machte er sich auf und dachte immer an sie und wäre gerne schon bei ihr gewesen und sah die goldene Straße gar nicht. Da schritt sein Pferd mitten darüber hin, und als er vor das Tor kam, ward es aufgetan, und die Königstochter empfing ihn mit Freuden ...«

Leo und ich betrachten die Lichtstraße, die sich durch den Kristall am Fenster in leuchtenden Regenbogenfarben an der weißen Wand spiegelt. Durch einen Lufthauch bewegen sich die Lichtpunkte, sie scheinen zu spielen, zu hüpfen, übermütig und leichtfüßig wie ein glückliches Kind.

»Mein Herz ist traurig«, sagt Leo in die Stille, den Blick nach innen gerichtet, als wolle er die ausgesprochenen Worte beschützen. In die Atmosphäre des Raumes eingehüllt, wendet sich Leo seiner Trauer zu. Er begegnet seinem inneren Kind. Es ist fünf Jahre alt. Zuerst zeigt sich eine Szene im Wohnzimmer der Eltern, in dem viele Menschen sind. Der kleine Junge sieht die Menschen an, aber sie sehen ihn nicht. Fast unhörbar sagt er: »Auf Wiedersehen.« Doch niemand scheint ihn zu bemerken. Dann steigt eine Erinnerung an einen Aufenthalt im Kinderspital Aarau in ihm auf: Das kleine Kind fühlt sich verlassen, alleingelassen, obwohl Menschen den Jungen umringen und Mitleid und Erbarmen mit dem Kind haben, das nicht lebensfähig scheint.

Leo wendet sich innerlich dem verlassenen Kind zu und schaut es durch sein Herz an. Er nimmt einen seltsamen Schleier wahr, der den kleinen Jungen von den übrigen Menschen trennt. Blasser Nebel breitet sich aus. Die kühle Atmosphäre wird grau, undurchlässig und erstickt unter ihrer Schwere alles Leben. Als

Leo mit dem Herzen nachfragt, wie sich sein inneres Kind fühle, antwortet es: »Todtraurig, isoliert, alleingelassen.«

Der erwachsene Mann versteht den kleinen Jungen und erlaubt ihm, traurig zu sein. Leo kann sich wie ein liebender Vater mit seinem inneren, tief verlassenen Kind verbinden, er kann es in die Arme nehmen und zärtlich berühren, es an sein Herz drücken. »Endlich berührt«, atmet Leo erleichtert auf. Innig hält er den verlorenen Sohn in seinen Armen und fühlt sich beseelt von diesem Augenblick. Es wird ihm bewusst, dass er sich auch heute noch oft isoliert, verlassen und unverstanden fühlt. Jetzt weiß er, dass er sich in solchen Momenten als Vater fühlen kann, der sich seinem Kind liebevoll zuwendet. Die Traurigkeit darf da sein, sie hat aber ihre Schwere verloren.

In der folgenden Zeit vertieft sich der Kontakt zwischen »Vater und Sohn«. Die Freude, mit dem Kind und damit auch mit der Trauer in Kontakt zu sein, stärkt den erwachsenen Mann. Er bemerkt, dass das innere Kind, nachdem es sich über längere Zeit versteckt und sich durch die einengende Angst nicht weiterentwickelt hat, zu einem Jugendlichen heranwächst.

Leo beginnt seine bisher verdrängten Verlassenheitsängste und seine Minderwertigkeitsgefühle im Körper zu spüren. Bis jetzt war sein Körper wie in einem Vakuum, einem luftleeren Raum, und von seinen Emotionen völlig abgetrennt. Er bemerkt, dass er in der Nacht immer stärker seine Hände zu Fäusten zusammenkrallt. Beim Erwachen sieht er die Nagelabdrücke auf seinen Handinnenflächen und realisiert die enorme Anspannung in seinem Leben: »Ich lebe unter meinem Wert, wie unter einer gläsernen Glocke, die mich dämpft. Ich kann nicht entscheiden, ich kann keine Akzente setzen, ich kann nicht gestalten, ich kann nicht ...«

Der Dialog mit unseren Persönlichkeitsstrukturen ist wie ein Gespräch mit einem guten Freund. Oder wie liebende Eltern mit ihrem Kind sprechen, am liebsten klar, einfach und konsequent. Konsequenz bedeutet auch Kontinuität im Dasein, innerlich anwesend zu bleiben, statt zu flüchten. Zuwendung zur Seele gibt Gefühlen und Gedanken Raum, die wir vielleicht ein Leben lang unterdrücken und nicht wahrhaben wollen. Sprechen wir eine Persönlichkeitsstruktur an, zum Beispiel das innere Kind, wirkt die Aufmerksamkeit und Anerkennung auch auf alle anderen inneren »Familienmitglieder«. Das ganze persönliche System erfährt die Ordnung der Liebe. Wir nennen das auch den »Dominoeffekt« und können es in unserer Umwelt beobachten. Werden verwirrende Ereignisse und erlebte Traumata in einer Familiengeschichte erkannt, bewusst akzeptiert und auf allen Ebenen – emotional, mental und in den Körperempfindungen – reflektiert, können wir uns mit dem eigenen Schicksal aussöhnen und uns vom »Joch der Vergangenheit« befreien. Es geschieht Heilung: Der Ernst gibt Tiefe, das Lachen Weite, beides im Einklang Lebensfreude.

Durch das Erleben bisher verborgener Schichten und verschiedener Nuancen des immer gleichen Musters – nämlich nicht zu genügen – wird Leo ganz tief bewusst: »Ich konnte mich nicht aus der Grauzone lösen. Sie hatte meinen Körper besetzt. Ich erlebte die

Grauzone als meine Wirklichkeit. Ich war die Grauzone ...« Bei diesen Worten scheint es ihm, als würde jede Zelle in seinem Körper weinen.

Er erinnert sich, dass seine Eltern und die behandelnden Ärzte immer wieder Angst um sein Leben hatten. Diese Ängste brannten sich als Erwartungen von außen in seinen Körper. Sie drängten ihn dazu, das zu tun, was man von ihm erwartete. Die Frage, was er wirklich wollte, hatte keinen Platz. Er fühlte nicht einmal den Schmerz, dass ihn niemand »erkannte« und an seine Fähigkeiten glaubte. Er gewöhnte sich daran; reagierte, tat, was verlangt wurde, und dennoch war es nie genug. »Es kamen immer andere Anforderungen. Hoffnungen, die ich erfüllen sollte. Als ich nicht mehr lebensgefährlich krank und älter geworden war, stellte sich schon das nächste, scheinbar Unüberwindliche in den Weg: Schön wäre, wenn ich eine Frau finden würde, aber ...« Und es kommt ihm das Verbot in den Sinn, seinen Körper sinnlich zu berühren. In einem streng katholischen Umfeld aufgewachsen, wäre das Sünde gewesen, die durch die Beichte, die Pflicht war, nur noch schlimmer geworden wäre.

Dies erinnert an die Geschichte »Last des Lebens«: Ein Mensch geht schweren Schrittes. Er trägt eine unsichtbare Last auf seinen Schultern, das Leben. Müde kommt er zu einem alten Weisen, der ihn freundlich einlädt, sich zu ihm zu setzen und innezuhalten. »Mein Leben ist unendlich schwer. Das Leben ist eine schwere Last.« Der alte Mann hört zu und sagt nach einer Weile: »Du selbst machst dir das Leben schwer. Das Leben ist leicht wie eine Feder.« »Aber ...«, sagt der Mensch. »Siehst du, dieses Aber ist bereits tausend Kilo schwer«, lächelt der Weise.

Leo hat den Wunsch, die Persönlichkeitsstruktur, die mit der Grauzone identifiziert ist, in einem inneren Dialog näher kennenzulernen. Ihre Gewaltfantasien will sie nicht preisgeben, doch Leo ist dankbar, dass sie sich wenigstens zeigt. Er kann ihr mit seinem Herzen erlauben, da zu sein, so, wie sie ist. Dadurch fühlt er sich in seinem Körper weicher und tief erleichtert. Er kann seine Wut und die unterdrückten Tränen, die er über Jahrzehnte in seinem Körper eingeschlossen hat, verstehen und liebevoll annehmen.

Leo spürt erstmals in sich die Freiheit zu wählen. Dies ist für ihn eine neue Dimension, die aus seiner gefühlten Selbsterkenntnis und dem Vertrauen in die eigene Entwicklung erwachsen ist. Sein LiebeWille hat sich vertieft und individualisiert. Damit hat er die Fähigkeit, sich selbst richtig einzuschätzen und sich von seinen psychodynamischen Strukturen zu disidentifizieren. Er kann sie aus sich herausstellen, mit ihnen kommunizieren, kooperieren oder sie einfach »dort lassen, wo sie sind«, ohne sich von ihnen kontrollieren zu lassen.

Leo wählt und bestimmt, was für ihn jetzt richtig ist. Aus der bewusst wahrgenommenen Spannung erwächst eine neue, elastische Spannkraft. Er verweist die Grauzone an ihren Platz: »Ich nehme dich mit Wohlwollen wahr. Und ich lasse dich dort, wo du bist.«

Begegnungen mit unseren tiefsten Ängsten sind ungeheuerliche Grenzerfahrungen. Leo wollte zu Beginn der Therapie an seine eigene innere Grenze gehen und sie überschreiten, um den Zugang zu sich selbst zu finden. Dass er auf der »Grenzlinie« angekommen ist, zeigt der folgende Traum, der ihm sehr wichtig ist:

»Ich spiele in einer Mannschaft Volleyball. Es sind alles Männer, bis auf eine einzige Frau. Die Polizei soll die Frau abholen – eine schwarze Frau. Die Männer bleiben im Hintergrund und ich verhandle mit der Polizei. Besser gesagt, ich handle und sage: › Diese Frau bleibt hier. Sie haben kein Recht, sie mitzunehmen.‹ Die Polizisten ziehen sich zurück. Sie haben keine andere Wahl. Ich übernehme Führung: Es ist hier ein gefährlicher Ort. Wir müssen zusammenpacken und uns auf den Weg machen, in ein anderes Land. Wir müssen hier weg, auch um die Frau zu schützen. Niemand argumentiert: Was ich sage, ist einfach so. Am anderen Morgen kommt die Frau zu mir. Ich begleite die Menschen zur Grenze und erkläre ihnen, dass ich Verantwortung dafür trage, sie aus der Gefahr hinauszuführen, über die Grenze. Dann können sie machen, was sie wollen. Wir gehen gemeinsam. Und als alle die Grenze überschritten haben, bleibe ich auf der Grenzlinie stehen. Ich sehe die Frau, die nochmals zurückschaut. Ich spüre, ich habe sie losgelassen.«

Der Traum beschäftigt Leo sehr lange. Manchmal spürt er noch den alten Sog der Grauzone, die sich in seinem Traum im Bild der schwarzen Frau gezeigt hat. Er übernimmt Verantwortung für sich selbst, indem er die Menschen aus der Gefahr herausführt, über die Grenze, in ein anderes Land. Der Umgang mit dem Schattenreich seiner Seele ist respektvoll und sehr bestimmt. »Ganz rein ist es noch nicht«, fügt er weich hinzu, »doch der Traum befreit mich. Es ist ein Prozess, der Zeit brauchen darf.«

Nicht immer sind Träume so wunderbare Helfer. Die Seele hat unendlich viele individuelle Ausdrucksmöglichkeiten, das eigene Potenzial wieder ins Fließen zu bringen.

Wie könnte das bei uns geschehen? Was könnte im jetzigen Zeitpunkt Ausdruck unserer Seele sein?

Endlich in der Seele berührt

> Wenn ich mich dem hingebe, was sich mir zeigt, bin ich gegenwärtig. Dann geschehen außergewöhnliche Dinge, und doch ist es nichts Außergewöhnliches: Es ist. Die Lösung zeigt sich zu ihrer entsprechenden Zeit. Ich nehme wahr: Die Lösung ist klar. Sie ist nicht mehr gebunden an dieses oder jenes.
>
> *Leo*

»Wie wäre es, wenn Sie Ihr volles Potenzial entfalten würden?« Eine Frage, die mein Gegenüber erfreut. »Ja, dann ...« – eine beredte Pause. »Souveränität, etwas bewirken können, mich einbringen, etwas sagen durch meine innere Haltung, gestalterisch, formgebend sein, mich zeigen, standhaft und mutig Verantwortung übernehmen.«

Ich spüre deutlich die Wahrhaftigkeit in Leos Worten, ihren sauberen Klang. Sie bringen sein tiefes, inneres Wissen in Schwingung. »Personare« (lateinisch) heißt »durchtönen«, und es ist spürbar, wie der Klang der Worte seine Persönlichkeit belebt und beseelt. Sie lösen eine »beschwingte« Atmosphäre aus, einfach und leicht. »Endlich berührt«, wie er es einmal ausdrückte, kann er jetzt durch seine lebendigen Worte berühren; der Mann, der lange Zeit oft sprachlos war und um seinen Ausdruck rang.

Berühren wir unseren Körper, so berühren wir unsere Seele. Deshalb ist das grobe, gewalttätige, lieblose, harte, brutale Berühren so schmerzhaft, verletzend, entwürdigend, demütigend. Wir spüren es auf der Haut oder es »geht uns unter die Haut«. Oder wie bei Leo, dem die physische Berührung oft vorenthalten blieb und bei dem sich der Schmerz des Nicht-Berührtseins eingebrannt hat. Durch die tiefe Berührung der Seele können Leos Verletzungen heilen.

Erstaunt stellt Leo fest: »Im Geschäft fühle ich mich viel lebendiger. Ich packe die Arbeit an. Ich habe viel mehr Energie. Ich fühle mich in Beziehung mit den anderen Mitarbeitern. Doch die Situation hat sich keineswegs verbessert. Und weil sich nichts verbessert hat, möchte ich etwas verändern. Mit 21 Jahren hatte ich zum ersten Mal das Gefühl, ich hätte etwas zu sagen. Als Leiter einer Jugendgruppe spürte ich es bis tief im Körper, wie es sich anfühlt, wenn Menschen mir zuhören, mich hören und mich ernst nehmen. Einige Jugendliche haben sich mir mit ihren Lebensfragen anvertraut. Das hat mir Selbstsicherheit gegeben. Vielleicht könnte ich meinen Traum erfüllen und mich als Therapeut oder Sozialarbeiter weiter ausbilden?« Diese Frage stellt er sich selbst, und ich spüre, dass er die Verantwortung dafür mit Freude übernimmt. »Ich will auf mein Herz hören«, fügt er hinzu und lässt damit die Frage ruhen, denn er vertraut darauf, dass sich die Antwort zeigen wird.

Verändere dich selbst, dann verändert sich dein Umfeld – eine psychologische Aussage, die missverständlich sein kann. Hoffnungsvolle Erwartungen, dass der andere sich so verändern möge, wie wir es uns vorstellen, werden meist enttäuscht. Die Verantwortung für seine individuelle, einzigartige Entwicklung muss jeder selbst übernehmen. Aus Selbsterkenntnis und verantwortungsbewusster Selbstführung entfaltet sich eine innere Aktivität, die uns erlaubt, mit den bestehenden Lebenssituationen unbeschwerter und flexibler umzugehen, bereit, das Abenteuer Leben neu zu wagen. Wir können achtsam präsent sein, Menschen, die anders sind als wir, respektieren, für seelisch-geistige Werte einstehen und unser Wissen frei zur Verfügung stellen. Wir müssen niemanden retten oder heilen. Auch nicht die Menschen, die wir sehr lieben.

Leo erzählt mir von seinem Erlebnis im Kulturzentrum »Technorama«, von den unzähligen Spiegeln, in denen er sein Gesicht immer wieder aus einer anderen Perspektive betrachten konnte, bis ihm die Worte wie aus dem Spiegel entgegenkommen: »Mich als mich selbst in die Waagschale werfen ...«

Auch neue Interessen entfalten sich und Leo spricht mit Freude davon; von dem, was er an Literatur, an Bildern oder Musik entdeckt; von überraschenden Menschenbegegnungen im Restaurant oder im Zug, die er noch nie zuvor in seinem Leben so leicht und erfüllend erlebt hat.

In der Übung »Urvertrauen annehmen« (Seite 73 ff.) lade ich Leo ein, sich seinem inneren Kind als Baby zuzuwenden: Er sieht eine Kinderschwester, die ihn als Säugling auf die Veranda schiebt. Die Schwester geht teilnahmslos weg und kommt nicht wieder. Leo bleibt allein zurück. Er zittert, als würde sich jede Zelle seines Körpers des bodenlosen Gefühls des Verlassenseins erinnern: »Ich bin nicht abgeholt, ich werde nicht abgeholt, ich werde nie abgeholt«, sagt er leise und resigniert. Leo wird bewusst, dass dieser Glaubenssatz ihm »tief in den Knochen sitzt« und dazu geführt hat, dass er bis heute darauf wartet, in seiner Seele erkannt zu werden, endlich abgeholt, herausgeholt zu werden aus seiner Verletzung.

Wir erleben besonders tief sitzende Muster und Sichtweisen als »Überzeugungen«, die eine suggestive Wirkung haben. Wir sind oft felsenfest davon überzeugt, dass das, was wir einmal erfahren haben, so bleiben muss. Subjektiv verfälschte Bilder halten uns gefangen, wie in einem »Musterhaus« aus unbewussten Glaubenssätzen gezimmert, ohne Treppen, Türen und Fenster. Persönliche Glaubenssätze verketten sich mit den Energiefeldern kollektiver Muster und deren Inhalten. Wir geben den Mustern Macht, weil wir glauben, dass sie Macht über uns haben. Sie bestimmen unsere Persönlichkeit und verfestigen sich negativ oder positiv polarisiert in unseren Gewohnheiten.

Nehmen wir als Beispiel unsere persönlichen Ängste wie Existenz-, Verlust- oder Todesangst; Ängste, die in unseren Körperzellen sitzen, unsere Seele einschüchtern oder unsere Persönlichkeit in Panik treiben. Kaum hören wir irgendwelche Schreckensnachrichten, überfallen uns unsere eigenen, verdrängten schlimmsten Befürchtungen. Oder die Siegerehrung treibt uns Tränen der Rührung in die Augen, obwohl wir vor dem Fernseher sitzen und nichts mit der umjubelten sportlichen Leistung zu tun haben. Und doch – wir spüren starke Emotionen, das heißt den Sog der Energiefelder, die uns in unterschiedliche qualitative Inhalte hineinziehen können. Denken wir zum Beispiel an einen süchtigen Menschen: Ist er mit seiner Sucht identifiziert, taucht er in das globale Energiefeld ein, zum Beispiel in das aller Alkoholiker. Deshalb ist es so schwierig, Abhängigkeiten wirklich zu lösen. Erkennen wir jedoch die persönlichen Muster und unsere Abhängigkeiten, verlieren sie ihre suggestive Macht über uns und das Kollektiv. Die Kraft der Liebe und die Kraft des Willens werden freigesetzt.

Lösen wir unsere eigenen Probleme, leisten wir einen Beitrag dazu, verschobene Werte im Kollektiv zurechtzurücken.

Leo fühlt sich beruhigt und atmet auf. Das verlassene Baby von damals ist heute in seinem Herzen geborgen. Daraus erwächst in ihm das heilende Bewusstsein »Ich hole mich selber ab« – ein kraftvoller Entschluss, der sich nicht mehr auf das bezieht, was andere tun oder eben nicht tun.

Zum Abschluss der Stunde kramt Leo ein Blatt hervor: Er hat seine innere Familie wie eine sich öffnende Blüte aufgezeichnet, in der Mitte sein Selbst, nach oben mit dem Kosmos, nach unten mit der Erde verbunden. Stolz und liebevoll stellt er mir seine innere Familie vor: der Minderwertige im Louvre, das innere Kind, die »Grauzone«, die Angst, die Trauer, die Wut, der Vertrauensvolle, der, der wählen kann, der Liebende und der, der an alten Gewohnheiten festhält. Es ist schön, mit ihm diese verschiedenen Lebensrollen anzuschauen, deren Qualitäten er kennengelernt hat, die sich untereinander angefreundet haben und miteinander kooperieren, statt sich zu bekämpfen. »Ich darf mitgestalten und mich einbringen«, stellt der Regisseur, der er selber in seinem Leben geworden ist, zufrieden fest.

Urvertrauen annehmen

Sich dem inneren Kind zuwenden

Vielleicht haben Sie Ihr inneres Kind vergessen? Oder sich schon lange danach gesehnt, ihm wieder einmal zu begegnen? Die Begegnung mit Ihrem inneren Kind ist ein ganz besonderer, berührender Moment: Sie können es in die Arme nehmen, es trösten, es beschützen und ihm helfen, Situationen zu meistern. Oder Sie freuen sich, wenn Sie die ursprüngliche, unbeschwerte Lebenskraft wieder in sich selbst finden, die Sie fantasievoll und vertrauensvoll bisher Ungewagtes wagen lässt. Sie spüren das vielleicht verschüttete Urvertrauen und integrieren es in Ihr eigenes Leben. Und mutig werden Sie für Ihr inneres Kind »einstehen«, wenn es Hilfe braucht. Dadurch können Sie sich mit schweren Erlebnissen aussöhnen, statt an Verzweiflung und Groll festzuhalten.

Setzen Sie sich bequem hin, atmen Sie in Ihrem eigenen Rhythmus. Wenn Sie sich bereit fühlen, atmen Sie im Atemkreislauf; langes, tiefes Ausatmen durch den Körper fließen lassen, den Wandlungsmoment der Stille wahrnehmen, das Einatmen von selber kommen und geschehen lassen. Spüren Sie, wie der Atem fließt.

Wenden Sie sich Ihrem Kosmischen Herzen zu und erlauben Sie sich, einen Moment in Ihrem Herzensinnenraum zu verweilen, empfinden Sie die Tiefe und die Weite Ihres Herzens. Bitten Sie Ihr Herz, dass es Sie zu Ihrem inneren Kind führt, so wie es sich jetzt zeigen möchte. Lassen Sie es geschehen und nehmen Sie an, was geschieht. Vielleicht sehen Sie sich als Säugling oder als größeres Kind. So wie es sich jetzt zeigt, stimmt es für Sie. Schauen Sie die Situation mit Ihrem Herzen an und sprechen Sie Ihre Gefühle gegenüber Ihrem inneren Kind aus, bedanken Sie sich, dass es sich Ihnen zeigt, und erlauben sie ihm, so da zu sein, wie es ist. Vielleicht möchten Sie es fragen: »Was brauchst du von mir?« Vielleicht können Sie das Ihrem Kind geben.

Lassen Sie Ihre Gefühle zu, denn Sie selbst und Ihr inneres Kind sind in Liebe gehalten. Wenn Sie möchten, sagen Sie Ihrem inneren Kind, dass Sie es lieb haben, so wie es ist, dass Sie jetzt da sind, um es zu beschützen, und dass es in Liebe gehalten ist. Nochmals tief ein- und ausatmen, den Körper spüren, Hände, Füße und dann die Augen langsam öffnen.

Der innere Dialog entfaltet sich individuell. Wesentlich sind die Zuwendung und die Resonanz, die Sie Ihrem Kind geben, dass es weiß, dass es nicht mehr allein ist, und dass es, so wie es ist, abgeholt, erkannt und geliebt wird. Spüren Sie die Wärme, die aus der inneren Resonanz erwächst.

Resonanz der Liebe

> Ich nehme wahr, die Liebe ist unantastbar.
> Die Liebe drängt sich nicht auf. Die Liebe ist
> klar. Die Liebe hat keine Vorstellungen.
> Die Liebe entspringt immer wieder. Von Augen-
> blick zu Augenblick. Die Liebe nimmt voll an,
> wenn es Zeit dafür ist. Ich muss mich nicht
> darum bekümmern. Ich muss nicht darum
> besorgt sein.
>
> *Leo*

»Lieben ist ein Himmelsgeschenk«, und damit spricht Leo von seiner Frau Eva. Er spricht nicht über sie, genauso wenig, wie er über andere Menschen spricht. Es sind Erlebnisse oder Begebenheiten, die er schildert und die durch seine Worte ihr eigenes Leben entfalten.

Diese innere Haltung, nicht über etwas oder andere Menschen zu sprechen, sondern achtsam wahrnehmend aufzuzeigen, was geschehen ist oder geschieht, ist Ausdruck der Wertschätzung und der Liebe.

Wie verborgen kann Wesentliches sein, nicht nur für die anderen Menschen, sondern vor allen Dingen für sich selbst. Und wie schön, wenn sich die Liebe zeigen darf. »Ich hatte keine längeren Beziehungen«, erzählt Leo. »Ich hatte Angst, meist sind die Frauen weggegangen. Das änderte sich, als ich mit 30 Jahren meine Frau kennenlernte.« Der Mann, der wenig spricht, lacht hell, und ich spüre die Schönheit, die ernsthafte Leichtigkeit eines Glücksmomentes: »Willst du mich heiraten?«, hatte er Eva bei einer ihrer ersten Begegnungen gefragt, völlig unüberlegt, und sie hatte Ja gesagt. »Sie ist zu mir gestanden und steht zu mir. Ich darf Raum einnehmen.«

Sich selber zu lieben und dadurch die einfache Essenz des LiebeWille zu entdecken, wird für Leo Abenteuer und Herausforderung zugleich. Doch sein Muster redet ihm ein, dass er es nicht schaffen werde, seinen eigenen Weg zu gehen. Dass das Gewahrwerden seiner inneren Aktivität nicht ausreiche.

Durch eine energetische Übung spürt er, wie die Lebensenergie in seine Hände fließt und er ruhiger wird. Leo traut sich zu, die Spannungen, die aus gegensätzlichen Meinungen entstehen, auszuhalten. Die Fingerspitzen der linken, Leben gebenden Hand, und der rechten, segnenden Hand berühren sich: »Das ist meine Handlungsfähigkeit ...«

Wenn er jetzt an die Situation an seinem Arbeitsplatz denkt, die immer schwieriger und brenzliger wird, übt er, die Negativität, die ihm dort entgegenkommt, als Faktum anzunehmen. Das bedeutet, dass er sich immer häufiger von der Kritik und der Missachtung disidentifizieren kann. Die Lebenskunst der einfachen Liebe zu sich selbst behält er im Auge. Er spürt den Sinn und Zweck seiner Entwicklung: Er muss sich nicht ständig anpassen und unterordnen, auch wenn sein jetziges Umfeld seine alten Muster förmlich heraufzubeschwören scheint. Manchmal erlebt er seine Persönlichkeitsstruktur als geradezu dramatisch chaotisierend, doch er weiß, dass er jederzeit aus dem Drama aussteigen kann, wenn er es will. Und er weiß, dass Gewitter und Stürme zur Wetterlage gehören, besonders in bewegten Zeiten.

»Bei Eva kann ich meinen Standpunkt auch dann einbringen, wenn sie anderer Meinung ist«, stellt er zufrieden fest. Das bedeutet ihm sehr viel. Er kann zuhören. Er kann sprechen. Er kann sagen: »Ich bin wütend.« Und das ist genug. Er muss nicht mehr vom anderen erwarten, dass er sich schuldig fühlen sollte oder dass er die gleiche Meinung haben muss. Sich frei auszudrücken, macht ihn glücklich.

In unseren gewohnten Räumen treiben unsere Vorstellungen ihre Spiele, die uns im wahrsten Sinne des Wortes »davor« stehen, vor der Bewegung in unserem Leben. Sie lenken uns immer wieder ab. Natürlich – Umwege sind auch Wege und alle Wege führen uns in unsere Kraft. Können wir sie als Umwege anerkennen, verlieren sie oft das Schmerzhafte. Wir durchschauen ihren Sinn, der einfach darin besteht, Umweg zu sein. Dass dies völlig in Ordnung ist, merken wir dann, wenn wir beginnen, Umwege bewusst, Schritt für Schritt, zu gehen.

Ein Beispiel: Ich bin verliebt. Aus alter Gewohnheit muss ich alles im Griff behalten und kontrollieren, aus Angst, den geliebten Menschen zu verlieren. Oft entsteht daraus ein Kontrollzwang. Bekämpfen wir den Zwang, wird er nur noch stärker. Akzeptieren wir ihn, wird er weniger beherrschend. Wir können spielerisch mit der Situation umgehen und ihr in unserem Leben einen angemessenen Platz geben, einen Platz, den wir jetzt wählen und bestimmen können.

Liebe wandelt zwar ihre Ausdrucksformen, doch die tiefere Gewissheit bleibt: Liebe bleibt Liebe.

Lieben soll für Leo neu werden. Er möchte lernen, ein klares, liebendes Ja zu sich selbst zu spüren und ein starkes Nein, das wirkt, auszusprechen. »Das ist ja tollkühn«, meint er vergnüglich. Leo erschließt sich neue Räume, eine Meisterschaft, die er sich selber erarbeitet. Dies bedeutet Selbstbestimmung und die Ehrlichkeit, sich einzugestehen, dass es vielleicht gerade in diesem Moment nicht gelingt, das Leben zu meistern. Ein Problem würde lediglich daraus entstehen und wäre sehr schwierig zu lösen, wenn man es nicht bemerken würde.

Tatsächlich kann es uns tollkühn vorkommen, wenn wir uns auf die Resonanz der Liebe einlassen. Im Herzen schwingt der Klang des Vertrauens in einem klaren Ja oder in einem klaren Nein. Das ist die Qualität des LiebeWille, der unseren Handlungen Orientierung gibt. Liebe hinterlässt nichts Verwirrtes und Unaufgeräumtes. Kommt die Motivation aus dem Herzen und stimmt sie mit der Liebe überein, hält sie auch schwere Situationen durch, unterstützt von der Gestaltungskraft des Willens.

Wenige Tage später schreibt Leo eine Karte:
»Ich habe alle Zeit der Welt. Ich habe nichts verpasst. Die Zeit ist reif. Sehr vieles steht an, das sich in mir und durch mich gestalten will. Ich will mich einlassen. Ich will mich, mein Ureigenes einbringen. Ich will mich im Präsentsein üben und mich immer wieder meinem Herzen und meinem Selbst zuwenden. Folgen dort, wo ich angesprochen werde, und es in Verbindung mit dem Herzen vollziehen.«

Dass die Farbe der Karte, nämlich ein leuchtendes Orange, sehr wichtig sei, erklärt er mir beim nächsten Treffen: »Es ist das erdige Orange meiner Sonnen, die aus meinem Feuerbrunnen erwachsen sind. Meine Gedanken sind in diese Sonnen eingeschrieben. Ich fühle die Wärme der Sonne in mir, in meinem ganzen Körper, in meiner ganzen Seele.«

LiebeWille und seine Gegenspieler

... und ich möchte Sie, so gut ich das kann,
bitten, lieber Herr, Geduld zu haben gegen
alles Ungelöste in Ihrem Herzen und zu
versuchen, die Fragen selbst lieb zu haben wie
verschlossene Stuben und wie Bücher, die in
einer sehr fremden Sprache geschrieben sind.
Forschen Sie jetzt nicht nach den Antworten,
die Ihnen nicht gegeben werden können,
weil Sie sie nicht leben könnten.
Und es handelt sich darum, alles zu leben.
Leben Sie jetzt die Fragen. Vielleicht leben Sie
dann allmählich, ohne es zu merken,
eines fernen Tages in die Antwort hinein.

Rainer Maria Rilke: Briefe an einen jungen Dichter

»Ich darf mir selbst in die Augen schauen.« Leo rückt seinen Sessel fast in die Mitte des Raumes und lacht. Wiederum ist er in seine Träume eingetaucht, die direkt und unmittelbar in seiner Seele wirken. Auf wundersame Art und Weise bringen sie Ordnung und weben seinen Schicksalsfaden.

Die erste Traumsequenz spielt in einem Lager. Leo wird zum Leiter zitiert und kritisiert, er sei unordentlich, halte sich nicht an die Regeln, und die anderen, eine Gruppe von Kollegen, lachen ihn aus. Oder eine Szene im Büro, in der ihn sein Vorgesetzter heftig kritisiert und ihn bloßstellt. Eine andere Begebenheit im Büro: Er hat es versäumt, eine hohe Rechnung zu bezahlen, es wird öffentlich, die Organisation macht Druck auf ihn, ein Richter kommt auf ihn zu und spricht ihn schuldig.

Es sind beklemmende Situationen, in denen Leo seinen »inneren Gegenspielern« begegnet. Er fühlt sich erschöpft, ausgebrannt, aufgebraucht. Seine Lebensenergie sinkt unter den Nullpunkt. Es ist, als würden ihn dunkle Schatten einholen – »alte Bekannte« von früher, die ihn nicht loslassen wollen. Gelingt es den Gedankenstrukturen, die bereits verlassenen Spuren wieder in Besitz zu nehmen? Lässt er sich wieder in die Zerreißprobe zwischen Gut und Böse hineinziehen?

Fragezeichen über Fragezeichen. Der neu gefundene Schutz und das Gefühl der Sicherheit geraten ins Wanken. Wir nennen eine solche Zeit, in der sich der feinere »Sand im Getriebe« zeigt, »Bewährungsproben«. Sie manifestieren sich meist sehr heftig, hoch emotional. Sie scheinen unaushaltbar, so als würde es sich um Probleme handeln, die wie riesige Felsbrocken noch nie bewegt wurden und auch keinen Millimeter bewegt werden können. Sie sind hart wie Granit. Unsere inneren Gegenspieler, die unseren individuellen LiebeWille mit alten Vorstellungen boykottieren, wollen die alten Gewohnheiten aufrechterhalten. Sie treten vehement auf in neuen Gestalten und Formen, in denen sich der alte Inhalt oft raffiniert versteckt. Die alten Gedankenstrukturen halten unsere Lebensenergie in sich wiederholenden Rollenspielen gefangen. Wenn wir jedoch bewusster wahrnehmen, was wir denken, fühlen, sagen und tun, übernehmen wir Verantwortung für uns selbst und unsere Handlungen und lassen uns nicht mehr von den alten Gedankenstrukturen betören oder täuschen. Wir sehen klarer und können differenziert das wählen, was unseren Werten entspricht.

Leo wird im Büro nicht nur ausgelacht, verletzt, erniedrigt, es geschieht sogar das für ihn Schlimmste: Es wird im Team »öffentlich«, dass er es versäumt hat, eine hohe Rechnung zu bezahlen, und Leo fühlt sich bloßgestellt und schuldig. Er wird schuldig gesprochen. Nach solchen Nächten kann er sich am Morgen kaum bewegen, der Rücken schmerzt, er fühlt sich, als sei ein Lastwagen über ihn gerollt. Obwohl das so ist, kann Leo ruhig »bei sich bleiben«, eine Ruhe, die tiefer und tiefer in seinen Körper, in seine Zellen hineinsinkt. Der ihm entgegengebrachten Kritik hält er gelassener stand, Verantwortung zu übernehmen fällt ihm leichter. Es macht ihm sogar mehr und mehr Freude. Früher war sein Leben Pflicht und Anpassung. Genügte er nicht, blieb er mit seinen Schuldgefühlen allein und isoliert. Dies ist jetzt anders geworden.

Autoritätsangst und Schuldgefühle sind die Gegenspieler des LiebeWille, die uns immer wieder kleinmachen; wir fühlen uns unsicher und nichtig. Unsere eigene Wertschätzung »ertrinkt« in den Vergleichen mit anderen. Da wir mit ungleichen Ellen messen und jede Wertung in der Angstschublade aufbewahrt wird, heften sich Angst und Schuld immer wieder unbemerkt an unsere Fersen. Unsere Wertschätzung für uns selbst wird dadurch verfälscht. Je nach Stimmungslage ist etwas gut, weniger gut, nicht gut oder schlecht. Oder nehmen wir als Beispiel einen Vorgesetzten oder eine Autorität, die eine starke, überzeugende Ausstrahlung, die Charisma hat. Die gesprochenen Worte können uns gefangen nehmen und uns beeindrucken: Wir hören die Worte und überhören, ob das Gesagte Sinn und Inhalt hat oder nicht. Dabei übergehen wir unsere eigene Achtsamkeit und Präsenz. Wir erfassen nicht, was tatsächlich geschieht, und verlieren unbemerkt unsere eigene klare Wahrnehmung und Einschätzung. Kein Wunder, dass unser Selbstwert, eingeklemmt in der Angst-Schuld-Schublade, sehnlichst darauf wartet, befreit zu werden.

Auch Leos Träume bestätigen ihm deutlich und prägnant, dass er Führung übernehmen kann. Erstaunt stellt er fest, dass er weniger Angst hat. Er spürt zum ersten Mal seine Arme kräftiger, beweglicher bis in seine Hände, ähnlich dem Gefühl, das er hatte, als er die Lebensenergie LiebeWille zum ersten Mal in sich spürte, nur jetzt noch feiner, substanzieller. »Ich fühle mich als Dirigent, der sein Orchester kennt und der mit der Lebensenergie mitfließen kann. Das ist anspruchsvoll und spricht mich voll an«, sagt er begeistert und wohl auch erfreut über sein gelungenes Wortspiel.

Ist eine neue Dimension in der eigenen Entwicklung erreicht, eröffnet sich der nächste Schritt. Fließt unsere Lebensenergie, kommen immer tiefere Schichten unserer Seele ans Tageslicht. Wachstumsschritte wiederholen sich nie, auch wenn es uns manchmal so vorkommt. Sie zeigen uns lediglich immer feinere Nuancen desselben Themas.

Die Erkenntnis, dass Wachstumsschritte jetzt auch in und durch seinen Körper stattfinden, lässt Leo unter dem Schmerz eine bewusste Freude spüren, die sich durch seine innere Haltung ausdrückt. Er fühlt sich

»durchatmet«. Und er wählt, seinen Fokus auf die Fülle des Lebens zu lenken, statt auf den Mangel und die Bosheiten, die ihm begegnen.

Achtsam spürt er seine geistige Essenz und erlebt, was er nie für möglich gehalten hätte: Er erkennt die Bosheit, die er nicht mehr bekämpfen muss. Gerade in der bewussten Begegnung mit seinen inneren und äußeren Gegenspielern findet er Kraft; in der komplizierten Lebenssituation Einfachheit und in der Schwere des Erlebten Leichtigkeit. Sich selber gewahr werden nennt er den »Segen der Achtsamkeit«.

In der energetischen Übung »Fülle des Lebens« (Seite 86 ff.) spürt Leo seinen Solarplexus und wie sich seine Nerven beruhigen. Indem er sich seinem Kosmischen Herzen und seinem Selbst in ihm zuwendet, kann er seinen Selbstwert bewusster ehren und achten. Als er sich innerlich nochmals in den Lagerraum aus seinem Traum versetzt, spürt er, dass das hämische Gelächter der Gruppe an ihm abprallt. Seine Persönlichkeitsstruktur, der »Minderwertige«, zeigt sich ihm jetzt wieder aufrichtig, aufrecht. Seine Rückenschmerzen lösen sich.

Leos Seele ist lebendiger geworden und die Symptome im Körper sprechen eine immer deutlichere Sprache, das heißt, sie werden stärker. Das ist eine natürliche Reaktion, weil der gesamte Organismus, alle Zellen im Körper feiner und wacher wahrnehmen. Haben wir ein Leben lang die Hand zu einer Faust zusammengeballt und beginnen sie in einer weichen Bewegung zu öffnen, spüren wir die uralten Schmerzen, die sich lösen.

Fülle des Lebens

Selbstachtung und Wertschätzung entfalten

Sie verbinden die Herzensenergie mit Ihrem Selbst und mit Ihrem Selbst-Wert. Dadurch werden Sie sich bewusst, ein göttliches Wesen zu sein. Ihre Minderwertigkeitsgefühle werden durch dieses Bewusstsein leichter, sie »fallen nicht mehr so ins Gewicht«. Sie erfahren die Tiefe der Akzeptanz, eigene Wertschätzung und inneren Freiraum, der Ihnen ermöglicht, im Hier und Jetzt zu sein. Durch die Ich Bin-Präsenz können Sie wählen, was Sie wollen und was Sie nicht wollen. Sie lenken Ihren Fokus auf die Fülle des Lebens und erfahren den Segen der Achtsamkeit.

Setzen Sie sich bequem hin. Atmen Sie tief und ruhig. Lassen Sie sich in den Atemkreislauf einschwingen: So lang und tief wie möglich ausatmen, Moment der Stille und das Einatmen geschehen lassen. Wenden Sie sich Ihrem Kosmischen Herzen zu und spüren Sie die

Tiefe und Weite Ihres Herzensinnenraumes. Lassen Sie sich tragen und ruhen Sie ganz tief in Ihrem Herzen. Vielleicht möchten Sie sich bewusst werden, spüren und innerlich aussprechen: »Ich bin in Liebe gehalten. Und ich vertraue der Entwicklung meines Lebens.« Bleiben Sie einen Moment dabei und spüren Sie, wie sich das In-Liebe-Gehaltensein und das Vertrauen in Ihrem Körper anfühlen. Erlauben Sie Ihrem Kosmischen Herzen, sich mit der Erde zu verbinden: geschehen lassen und einen Moment verweilen. Lassen Sie sich tragen von der wärmenden, nährenden Erdenergie. Vielleicht können Sie das tiefe Getragensein spüren, die Geborgenheit und die Dankbarkeit.

Dann lenken Sie Ihre Aufmerksamkeit zu Ihrem Solarplexus, dem Energiezentrum des Selbst in Ihnen. Wie fühlt es sich da an? Lassen Sie zu, was immer Sie wahrnehmen. Vielleicht möchten Sie in Ihren Solarplexus (Sonnengeflecht) hineinfragen: »Was sitzt da für ein Glaubenssatz?« Vielleicht bekommen Sie eine Antwort, wenn nicht, wiederum liebevoll erlauben, dass es so sein darf.

Wenn Sie einen Glaubenssatz erkennen, wie zum Beispiel: »Ich genüge nicht«, können Sie diesen akzeptieren und mit Ihrer Herzensliebe »umhüllen« und halten. Erlauben Sie, dass sich Ihr Herz mit dem Solarplexus, mit Ihrem Selbst in Ihnen verbindet. Vielleicht möchten Sie sich bewusst werden, spüren und innerlich aussprechen: »Ich bin ein göttliches Wesen. Und ich ehre und achte meinen Selbstwert.« Lassen Sie sich die Selbstachtung erfahren, die aus dem Bewusstsein erwachsen kann, ein göttliches Wesen zu sein.

Erlauben Sie, dass sich Ihre Nerven und Sinne im Solarplexus nach innen wenden und sich mit dem Rückenmark, dem zentralen Nervensystem verbinden dürfen. Spüren Sie sich im Körper, im Rücken, in Ihrer Wirbelsäule anwesend. Vielleicht können Sie auch Ihre Schulterblätter spüren, die sich weiten und dehnen. Spüren Sie Ihr »Beflügeltsein«.

In der Ich Bin-Präsenz sind Sie im Jetzt. Das ist der Segen der Achtsamkeit. Sie nehmen die Fülle Ihres Lebens wahr, die auch da ist. Ihre Mangelgefühle können Sie nicht mehr dominieren, über Ihren Körper oder Ihre Seele bestimmen und Macht ausüben. Sie selbst können sich anerkennen, wertschätzen und die Fülle des Lebens bewusst annehmen.

Lebensangst

Leo ist sich selbst nähergekommen und möchte für sein neues Lebensgefühl Verantwortung übernehmen. Denn das alte Verantwortungsgefühl – Pflicht, Disziplin, Leistungsdruck, Ziele erreichen – kann er sich nicht mehr »leisten«.

Durch seine physische Einschränkung war er auch seelisch eingeengt, sodass sein Leben ohne Alternativen erschien. Vieles, was andere machen konnten, ging einfach nicht. Erst mit der Zeit erkannte er, dass er daraus, mit einem Handicap leben zu müssen, eine tiefe, stille Kraft gewonnen hatte. Weil sich Leo lange Zeit nicht so ausdrücken konnte, dass er gehört wurde, sammelte er im Verborgenen reiche Lebensweisheit. Jetzt trägt ihn diese innerste Quelle durch seine aufsteigenden Ängste und Zweifel.

Er nimmt zwar seine inneren Gegenspieler bewusster und aufmerksam wahr, doch kaum beginnt er, sich zu überlegen, wie er sich einbringen könnte, steht der »Minderwertige« im Türrahmen und flüstert ihm ironisch zu: »Du kannst es nicht, du schaffst es nie, du genügst nicht, vergleiche dich doch mit den anderen, die erfolgreich sind, du bist und bleibst ein ›Nichts‹.«

Der erwachsene Mann behandelt seine Persönlichkeitsstruktur wie einen guten Freund, ist mit ihr viel im Gespräch – und doch: Wenn der »Minderwertige«

loslegt, entwickelt er magische Kräfte. Was ist zu tun oder zu lassen?

Obwohl Leo hinschaut, anschaut, durchschaut, was ist, kriecht die Angst in ihm hoch, lähmt sein »Beflügeltsein«. In solchen Momenten ist er verzweifelt und trostlos. Er kann die Angst nicht zum Schweigen bringen. An ihrer suggestiven Vehemenz zerbrechen die gerade erst gelernten Werkzeuge. Keine Meditation scheint mehr zu greifen, kein Nachdenken hilft. Die existenzielle Lebensangst hakt sich an ihm fest und wird immer unerträglicher.

Da kommen ihm seine Nieren zu Hilfe. Sie tun weh. Sie erheischen Aufmerksamkeit. Durch die Zuwendung zu seinen Nieren spürt er die Qualität des »bei sich zu Hause sein«. Diese spürbare Verbindung zu seiner inneren Heimat eröffnet ihm ein völlig neues Verständnis für Verbindlichkeit: einen klaren Standpunkt einnehmen und alles frei lassen.

Nach Hause kommen, sich »wie zu Hause fühlen« verbinden wir mit existenzieller Sicherheit und Wärme. Dort, wo es meiner Seele gut geht, darf sie ihre Flügel weiten, so wie im Gedicht »Mondnacht« von Joseph von Eichendorff: »Es war, als hätt' der Himmel die Erde still geküsst, dass sie im Blütenschimmer von ihm nun träumen müsst. Die Luft ging durch die Felder, die Ähren wogten sacht, es rauschten leis' die Wälder, so sternklar war die Nacht. Und meine Seele spannte weit ihre Flügel aus, flog durch die stillen Lande, als flöge sie nach Haus.«

Die Seele darf ihre tiefen Ressourcen spüren und ihre Kraft entfalten. Diese heimelige Atmosphäre – »heimelig« bedeutet »Himmel« – ist die Seelenstimmung unserer Nieren. Deshalb können wir auch unsere innere Heimatlosigkeit in unseren Nieren spüren. Tiefer liegende Beziehungsängste wie das Nichtwillkommensein, Nichterkannt- und Nichtgehörtwordensein setzen sich im »emotionalen Gedächtnis« unserer Nieren und Nebennieren fest. Auf Abweisung reagieren sie mit Trauer oder Wut, bis das innere Lebensfeuer erlischt. Wir fühlen uns ausgebrannt und leer. Eine unbewusste, existenziell bedrohende Lebensangst lähmt uns. Wir fühlen uns abgetrennt – von Gott, den Menschen und der Welt verlassen. Wir denken, das Leben nicht bewältigen zu können. Himmelhoch jauchzend – zu Tode betrübt sind die Beziehungskrisen der Nieren, denn sie sind »frei schwebend« zu zweit und kommen nicht darum herum, in Beziehung zu sein, in Balance, im Gleichgewicht.

Das sind die psychologischen Themen, denen Leo jetzt auf der körperlichen Ebene begegnet, um noch tiefer – seelisch und körperlich – auszuatmen und seinen Selbstwert, schwungvoll und dynamisch, wie es den Nieren entspricht, in seinem Körper zu empfinden. Damit kann er seine individuelle »Nierenqualität« vertiefen, so wie er es kürzlich, sich selber im »Technorama« spiegelnd, ausdrückte: sich selbst in die Waagschale zu werfen.

Lebensängste betreffen den ganzen Menschen. Oft werden die tieferen Ebenen durch den Körper »ausgearbeitet«, um Wandlungsprozesse zu ermöglichen: Die seelische Feuerkraft der Nieren hat sich in Leos Wachstumsprozess sehr eindrücklich gezeigt, während die Lungenentzündung seine Entwicklungsschritte in Bewegung brachte. Er ist im wahrsten Sinne des Wortes »auf Herz und Nieren geprüft« worden, damit er sein Urvertrauen im Hier und

Jetzt ausschöpfen und endlich der Weisheit seiner Seele folgen kann.

In der Visualisierung geschieht etwas sehr Berührendes, das die innige Verbindung der Nieren mit dem »Leben Gebenden« in uns aufzeigt: So groß wie seine Hand ist das Baby, das Leo in der Wölbung der linken Hand hält und in seinem Herzen behutsam wiegt. Als er das winzige Wesen fragt, was es von ihm brauche, lautet die Antwort: »Schau mich an, wie ich mich freue.« Das Baby ist sehr zart. Und es will leben. Nochmals fragt Leo bewegt nach: »Was kann ich für dich tun?« – »Schau mich immer wieder an«, lautet die Antwort.

Plötzlich zeigt sich ein Widerstand: Er kann sich diesem zerbrechlichen Kind, so klein, dass es in einer Zündholzschachtel Platz hätte, nicht voll und ganz zuwenden. Er mag es auch nicht mehr länger anschauen. Und das ist in Ordnung so. Leo lernt seinen Widerstand noch tiefer zu respektieren, denn der hat ihn geschützt, wie ein Staudamm, der die Wassermassen lenkt. Würde er den Widerstand brechen, könnte er von seinen Gefühlen überschwemmt werden.

Einwilligen in das eigene Leben und Schicksal ist wie neugeboren werden. Übernehmen wir Verantwortung für das neu erwachte zarte Lebensgefühl in uns, erwächst daraus die Kraft eines aus der Enge befreiten Bewusstseins: Wir erkennen den Unterschied von Fremdbestimmung und Selbstbestimmung. Das befähigt uns, die gute, richtige Wahl zu treffen.

In einer nächsten Übung, »Die Intelligenz der Seele« (Seite 94 ff.), wendet sich Leo seinen Nieren zu, die durch seine Existenzangst verkrampft und angespannt sind. Die Nieren, eng mit dem Leben Gebenden, unserer Sexualität, verbunden, entspannen sich. Es ist für ihn wohltuend, seine Nieren und seine Liebeskraft mit dem Herzen zu verbinden.

Offenbar bezogen sich Leos Existenzängste immer auf die Überlegung: »Wie soll ich was tun?« Die stereotype Nicht-Antwort: »Und ich weiß nicht, wie ...« Jetzt wird es für ihn klar: Es gibt nichts mehr zu überlegen, wie er etwas tun will oder nicht, sondern sein Heilsatz lautet einfach: »Ich handle und lerne dabei, wie es geht.« Das endlose Grübeln und sich auf vergangene Erfahrungen beziehen grenzen das Potenzial ein und schließen neue Möglichkeiten aus. Natürlich ist es nötig zu denken, doch mit dem Herzen Gedachtes bezieht sich nicht ausschließlich auf vergangene Erfahrungen, sondern verbindet sich mit der inneren Aktivität des gegenwärtigen Augenblicks. Dann tun wir das, was angebracht ist.

Vielleicht erstaunt es uns, dass wir nichts Besonderes tun und sein müssen und dabei die Angst ausbleibt.

Die Intelligenz
der Seele

Die heilenden Kräfte
fließen lassen

Möchten Sie Ihre Selbstheilungskräfte aktivieren?
Möchten Sie sich wohler fühlen in Ihrer Haut? Möchten Sie sich regenerieren? Ihr Verhalten verändert
sich, wenn Sie mit Ihrem Herzen wählen und durch
Ihr Herz sehen und handeln. Sie beginnen, Ihre innere Wertehaltung bewusst wahrzunehmen und umzusetzen. Sie wählen präzise, klar und mit Leichtigkeit.
Sie wertschätzen sich selbst.

Setzen Sie sich bequem hin und atmen Sie tief und
ruhig in Ihrem eigenen Rhythmus. Dann schwingen
Sie sich in den Atemkreislauf ein: tiefes, langes Ausatmen durch den Körper fließen lassen, durch die Füße,
Fußsohlen bis in die Erde hinein. Im Liebes-Lebensenergiefeld der Erde den Wandlungsmoment der Stille wahrnehmen, dann das Einatmen von selber
geschehen lassen.

Wenden Sie sich Ihrem Kosmischen Herzen zu und erlauben Sie sich, einen Moment in Ihrem Herzensinnenraum zu verweilen und zu ruhen. Spüren Sie die Tiefe und Weite Ihres Herzens. Vielleicht können Sie auch den Herzpunkt im Rücken, zwischen den Schulterblättern, spüren. Nehmen Sie wahr, wie sich jetzt Ihr Herz fühlt, und lassen Sie Ihr Herzenslicht strahlen. Vielleicht möchten Sie Ihr Herz fragen, ob es sich mit der Erde verbinden möchte. Wenn ja, lassen Sie es einfach zu. Sie müssen nichts tun, denn das Herz und die Energie wissen, wie das geht. Bleiben Sie einen Moment dabei und nehmen Sie wahr, was geschieht und wie es sich anfühlt.

Dann erlauben Sie, dass die Liebesqualität, die jetzt in Ihrem Herzen schwingt, über den Thymus (Thymos bedeutet im Griechischen »Sitz der Seele« und ist ein wichtiger Teil unseres Immunsystems, der die Selbstheilungskräfte auf die körperliche Ebene übersetzt) in Ihre Organe, in jede einzelne Zelle, bis ins Innerste jeder Zelle fließen darf. Vielleicht möchten Sie sich bewusst werden, spüren und innerlich aussprechen: »Zellen, ihr dürft eure Liebes-Lebensenergie voll und ganz entfalten.«

Nehmen Sie wahr, was geschieht, wenn die Liebes-Lebensenergie zu fließen beginnt. Wo es weniger fließt, verweilen Sie einen Moment mit Ihrer Aufmerksamkeit und erlauben Sie, dass sich die Energie verteilen darf, so wie es jetzt für Sie stimmt. Vielleicht können Sie die Lebensfreude, die aus dem Fließen der Lebensenergie erwachsen kann, in Ihrem Körper erleben. Spüren Sie, wie Ihre Selbstheilungskräfte wieder in Ihnen fließen dürfen und sich Blockaden lösen. Seien Sie sich bewusst, dass Sie wählen können, wohin Sie Ihre Energien lenken wollen: auf das Leiden oder auf die Liebe, die beseelt, belebt und heilen kann. Nochmals tief ein- und ausatmen, spüren Sie sich im Körper und öffnen Sie langsam die Augen.

Heilung bedeutet nicht immer physische Gesundheit, sondern Erkenntnis auf verschiedenen Ebenen und Dimensionen. Heil werden beinhaltet seelisch-geistige Wachstumsprozesse, die unser Bewusstsein vertiefen und erweitern. Dieses Bewusstsein, zu lernen und sich weiterzuentwickeln, löst die Bereitschaft aus, anzunehmen, was ist, und, vom konkreten Leben ausgehend, Lebensfreude und Dankbarkeit zu spüren und weiterzugeben.

Mut statt Wut

In einer der nächsten Stunden taucht bei Leo ein interessantes Wort auf: *Aktionsradius*. »Ich übernehme Verantwortung für meinen Aktionsradius. Ich gehe bewusst in die Tat.« Aus seiner »Leere« ist ein Feuer-Sonnenball geworden, geboren aus der Tiefe der Erde. »Jetzt habe ich den Sonnenball in meinen Händen, ich nehme meinen Aktionsradius in den Blick, von innen nach außen.«

Wer A sagt, muss nicht unbedingt B sagen. Das heißt, wir steigen aus der polarisierenden Kausalität aus und beginnen akausal und assoziativ zu denken. Diese multidimensionale Denkweise ist das neue Bewusstsein der Vernunft. Dieses offene Geheimnis hat Leo bereits entdeckt.

Manchmal ist es an der Zeit, etwas zu tun, manchmal an der Zeit, es zu lassen, was auch ein Tun ist. Dieses fließende, weiche Mitgehen mit der Lebensenergie LiebeWille erlaubt Leo, noch selbstverständlicher geschehen zu lassen und unmittelbarer die geistige Essenz der »zeitlosen Zeit« zu spüren, so wie es Khalil Gibran in *Der Prophet* beschreibt: »Aus der Zeit wollt ihr einen Strom machen, an dessen Ufer ihr sitzt und zuschaut, wie er fließt. Doch das Zeitlose in euch ist sich der Zeitlosigkeit des Lebens bewusst. Und weiß, dass Gestern nichts anderes ist als die Erinnerung von Heute und Morgen, der Traum von Heute. Und dass, was in euch singt und sinnt, immer noch innerhalb der Grenzen jenes ersten Augenblickes weilt, der die Sterne in den Weltenraum schleuderte. Wer unter euch fühlt nicht, dass seine Kraft zu lieben grenzenlos ist?«

Leos Bürosituation ist nach wie vor äußerst unangenehm. Er wird immer mehr kritisiert und angegriffen. Von außen betrachtet könnte man sagen, es hat sich nichts verändert: Leo nimmt seine Verantwortung nicht wahr. Wenn er mutig wäre, würde er sofort kündigen und die Konsequenzen ziehen. Er würde sich nicht mehr derart verletzen und erniedrigen lassen. Doch davonlaufen, etwas mit Härte abschneiden, nur um Mut zu beweisen, entspricht Leo nicht mehr. Seine Lebenshaltung hat sich verändert: Er will nicht mehr machen müssen und sich äußeren, fremdbestimmten Entscheidungen unterwerfen. Mit der Kraft des LiebeWille hat er sich dafür entschieden, Bewusstseinsschritte als Wachstumsprozess anzunehmen und zu lernen, wie er mit Kritik, Konflikten und Ablehnung umgehen kann. Es ist unwichtig, ob seine veränderte Haltung etwas im Außen bewirkt. Wesentlich ist, dass er seinen inneren Werten treu bleibt. Immer öfter spürt er, wie sich die geballte Energie seiner früheren Wut in Mut verwandelt: »Ich habe eine Stimme ...«, nennt er es freudig. »Es fließt, aber es fließt nicht mehr aus. Es verbindet sich mit dem inneren Bild einer Quelle: ein Bachbett, klares Wasser, das spielerisch mit den Steinen im Einvernehmen fließt, die Richtung natürlich bestimmend.«

Im beruflichen Umfeld stoßen seine Vorschläge und Forderungen bei seinem Chef nach wie vor auf taube Ohren. Obwohl ihm die Teilnehmer an einem einwöchigen Weiterbildungsseminar wenig Sympathie entgegenbringen, empfindet er es als bereichernd. Wie er sagt, konnte er gut auf sich selbst aufpassen. Er fühlte nicht mehr den Druck, ständig wollen und abwägen zu müssen, was richtig oder falsch sei. Er musste nichts mehr entscheiden, sondern konnte frei wählen.

Dabei wird ihm der feine Unterschied zwischen entscheiden und wählen bewusst. Ent-scheiden erwächst aus der Polarität entweder – oder und verbindet sich automatisch mit einem Verlust: Habe ich das eine, muss ich auf das andere verzichten: Angst stellt sich ein und das Bedürfnis zu kontrollieren hält am Alten fest. Wählen hat die Qualität, die sich mit Leos Aktionsradius verbindet, für den er Verantwortung übernimmt. Er wählt aus der Fülle heraus, weich, mit sanftem Gleichmut. Oder wie er es ausdrückt: »Mein Feuer-Sonnenball ist gesetzt. Ich kann ihn wirken lassen ... Ich kann alltäglicher, selbstverständlicher wählen, aus meiner inneren Haltung heraus.«

Alltägliches, Nichtalltägliches nimmt jetzt Raum ein: eine Zugfahrt – der Blick einer attraktiven Frau, dem er standhalten kann, die Begegnung mit einer Bekannten, der er zuhören kann und sich dabei »markant« wohlfühlt, oder eine Situation, in der er sich ungeschickt benommen hat und, statt sich beschämt, blamiert zu fühlen, herzhaft lachen kann. Doch das Wesentlichste ist, dass Eva seine Veränderungen spürt und sich mit ihm darüber freut. Ihre Resonanz ist vollständig: Sie holt ihn da ab, wo er jetzt ist. Dies weiß Leo sehr zu schätzen:

»Mir steht alles zur Verfügung, wenn ich mich dort niederlasse, wo ich wählen kann. Wenn ich angegriffen werde, wenn ich kritisiert werde, wenn sich Widerstände zeigen in mir oder von außen, dann gilt es, nicht zu reagieren, mich nicht zu rechtfertigen, mich nicht durchzusetzen, nicht dagegen zu sein. Es gilt, es nicht persönlich zu nehmen. Es gilt, mich nicht damit zu identifizieren, sondern es gilt wahrzunehmen, ohne zu werten. Wahrnehmen ist Freiheit, wahrnehmen, was passiert, wenn es passiert, ohne eigene Vorstellungen. Alles kann mir dienen, mich noch tiefer im Jetzt einzufinden.«

Gratwanderung

Schläft ein Lied in allen Dingen,
Die da träumen fort und fort,
Und die Welt hebt an zu singen,
Triffst du nur das Zauberwort.

Joseph von Eichendorff

Leo hat für seinen gegenwärtigen Lebensmoment das Zauberwort gefunden: *ebenbürtig sein.* Die Illusion, gleichwertig sein zu müssen, fällt ab. Er muss diese Erwartung an sich selbst nicht mehr krampfhaft rechtfertigen, verteidigen oder so tun, als ob er sie erfüllen könnte. Er muss nicht mehr das Gleiche tun wollen wie die anderen. Er fühlt sich ebenbürtig, egal, in welchen Rollen oder Funktionen er gerade ist. Er nimmt sich das Recht, eigenständig zu fühlen und zu denken.

Je mehr wir an Selbsterkenntnis gewinnen und diese verinnerlichen, desto sensibler und feiner nehmen wir wahr, was ist.

Leos verhaltenes, scheues Auftreten hat sich verändert: »Ich war mit Eva bei einem Tanzanlass. Es war wunderschön. Wir haben einfach mehr Schwung. Ich spüre Lebendigkeit in meinem Körper, ich bin anwesend, ich drücke mich aus, ich bin mittendrin, statt mitgeschleppt zu werden, ich beginne mitzugestalten. Ich habe auch mehr Distanz zu Eva, ohne auf Distanz zu gehen. Ich schöpfe aus meiner Liebesqualität, das macht mich weniger abhängig. Ich werde etwas Eigenes. Ich bin Mitschöpfer geworden ...«

Er stellt fest, dass er sich getraut, in die »Offensive« zu gehen, und sich nicht mehr wie früher dafür bestraft fühlt. Es verletzt ihn immer seltener, dass seine Initiative kaum Echo findet. Das Gefühl, effizienter zu arbeiten, beflügelt ihn. Sein Arbeitsalltag fließt rhythmischer. Seine Lebensqualität hat sich enorm verbessert.

Als er jedoch nach langer Zeit seine Mutter besucht, ist alles wieder so wie früher. Er fühlt sich nachher ausgepumpt und aggressiv.

Tiefe emotionale Bindungen können uns immer wieder in alte Verhaltensweisen hineinziehen. Ganz besonders in die gewohnten Familiensysteme, in denen wir persönlich und im Kollektiv über Generationen tief verkettet sind. Lösen wir durch Erkenntnis und Akzeptanz die Glaubensmuster unbewusster Abhängigkeiten, können wir unsere Individualität entfalten und die Kraft unserer Ahnen integrieren, statt in Schuld- und Schamgefühlen ohnmächtig zu verharren. In diesem Sinne können wir Goethes Worte als Impuls der Freude und Eigeninitiative verstehen: »Was du ererbt von deinen Vätern hast, erwirb es, um es zu besitzen.«

Leo erkennt in seiner Selbstreflexion, dass er nicht mehr das hilflose, bedürftige Kind ist. Er realisiert, dass er erwachsen und sich selbst zugehörig geworden ist. »Ich gebe mir mein Leben selbst ...« Als er dies erkennt, fühlt er sich mit seiner Mutter ausgesöhnt. Er kann sie mit dem Herzen anerkennen – ohne sie wäre er nicht auf dieser Welt – in einer Welt, in der er sich immer mehr zu Hause fühlt und Lebensfreude spürt.

Jetzt steht er auf dem schmalen Grat einer für ihn neuen, unbelasteten Gegenwart, die ihn in der Mitte von Vergangenheit und Zukunft freundlich einlädt, seine erlernte Lebenskunst auszubreiten.

In diese Freude, in »seiner Gegenwart« angekommen zu sein, platzt eine Mittelohrentzündung. Wollen sich seine Existenzängste nochmals Gehör verschaffen? Doch er lässt sich nicht mehr einschüchtern. Er lässt sich seine freundliche Haltung den Ereignissen in seinem Leben gegenüber nicht mehr nehmen; bewusst übt er, wirklich präsent zu sein, und findet, was er für seinen nächsten Schritt braucht. Hellhörig hört er auf seine innere Stimme und ist bereit, die feineren Nuancen seiner Glaubenssätze wahrzunehmen, wie zum Beispiel seine leiser gewordenen existenziellen Ängste.

In einer Übung lenkt er seine Aufmerksamkeit auf seine Ohren. Trauer breitet sich in ihm aus, Trauer darüber, als Kind nicht gehört worden zu sein und immer wieder hören zu müssen, dass er nicht lebensfähig sei und nicht genüge. Als er sich nochmals seinem Hörsinn zuwendet, zeigen sich verdrehte Glaubenssätze: »Das, was du hörst, ist falsch. Das, was auf dich zukommt, ist gefährlich. Du musst aufpassen.« Er fragt in seinem Herzen nach, ob das stimmt, und fühlt sofort die Antwort, dass er jetzt seiner Wahrnehmung vertrauen darf. Leo atmet erleichtert auf. »Ich muss nicht mehr alles kontrollieren.« Aus dieser Tatsache erwächst ein neues Bewusstsein, sein Heilsatz: »Ich darf gehört und gesehen werden.«

Laut wiederholt Leo die erlösenden Worte, deren seelisch-geistiger Gehalt sich ausdehnt. Er lässt den Wortklang, die Schwingung in seine Nerven und Sinne fließen, in seine Ohren und in seine Zellen. Sein Solarplexus – Energiezentrum des Selbst – weitet sich und er fühlt sich in seinem Selbstwert bestärkt.

Die eigenen Glaubenssätze kennenzulernen und zu erforschen, ist eine Gratwanderung im Spannungsfeld vergangener Erinnerungen und Vorstellungen über die Zukunft. Die Gedankenstrukturen lösen sich, wenn wir ihre Energiequalitäten präzise und mit großer Sorgfalt auf den Punkt bringen. Der Punkt ist, mitten im Raum der unbeschwerten Gegenwart, in diesem Augenblick neu geboren. Dass dieses innere Forschen bei allem Ernst auch echten Humor – »humores« (griechisch) heißt »Lebenssäfte« – braucht und viel Lachen, liegt nahe: Der Ernst führt uns nach innen, in die Tiefe, in die Wandlung geschehen kann, und das Lachen löst und befreit.

Leos Grauzonengefühl taucht von Zeit zu Zeit wieder auf. »Jetzt gehe ich bewusst in meine Spaltung, in meine Grauzone. Wo ich mit Bewusstsein hingehe, löst sich die Spaltung. Das gibt mir ein königliches Gefühl«, teilt mir Leo mit, als seine Mittelohrentzündung abgeklungen ist.

Die andere Seite seines königlichen Gefühls zeigt sich in Leos Traum: eine Gratwanderung zwischen der Angst, zu Tode zu stürzen, und dem Urvertrauen, in seinem Leben wirklich geführt zu sein. Das Traumbild zeigt ihm eine steile Felswand, an der er sich mit letzter Kraft festhält. Etwas erleichtert sieht er, wie sein Körper waagerecht ausgestreckt über einem Abgrund in der Luft hängt. Wegweiser zeigen ihm auf, dass er sich ganz langsam, Schritt für Schritt, an der glitschigen Felswand entlangtasten muss. Dies kann nur gut gehen mit hoher Konzentration, indem er den Wegweisern ohne Wenn und Aber vertrauensvoll folgt.

Ich erinnere mich an eine der ersten Therapiestunden, als Leo seinen Wunsch äußerte: »Ich möchte bestimmen, wann ich über die Grauzone spreche und wann nicht.« Dies mag paradox erscheinen, denn die Grauzone und die darauf bezogenen Ängste sind die Themen, um die es geht. Doch wie versteckt sich auch die Kraft des LiebeWille zeigt, sie ist wegweisend, verlässlich und sicher. So wie bei Leo, der, als er seinen Wunsch aussprach, seine Eigenständigkeit weder spüren konnte noch sie für möglich hielt.

Weshalb wagen wir es nicht wieder einmal, Unmögliches für möglich zu halten?

Nackte Scham

Jeder Augenblick ist immer wieder eine
Möglichkeit, dass sich die Liebe vertiefen kann.
Wenn ich gegenwärtig bin, dann liebe ich.

Leo

Diese Begegnung mit Leo werde ich nicht vergessen:
»Es ist mir noch nie so schwergefallen, zu Ihnen zu
kommen. Ich schäme mich vor mir selber ... und ich
habe Angst vor weiteren Schmerzen ...« Mit diesen
Worten setzt sich Leo mir gegenüber. Heute bewegt
er den Sessel keinen Millimeter. Nicht so wie in der
letzten Zeit, in der es zu seinem Begrüßungsritual
geworden war, dass er den Sessel von der Wand weg-
rückte, näher zum Fenster hin, mitten in den Raum,
damit er den See und seine Stimmungen aufnehmen
konnte, und manchmal lächelnd sagte: »Wie geht es
Ihnen, wie geht es Ihrem Meer?« Mit Meer meint er
den Zürichsee, weil ich ihm einmal gesagt habe, wie
viel mir das Wasser bedeutet und dass ich den See zu
»meinem Meer« auserkoren habe. »Ich will die
Schmerzen nicht mehr zulassen. Es ist genug ...«

Tiefe Erschütterungen kommen meist plötzlich, unerwartet, obwohl sie in der Seele lange und sorgfältig
vorbereitet worden sind. Sprengen sie unser Bewusstsein
auf, lösen sie manchmal »Glück bringendes Chaos« aus – ein
Glück, das wir oft erst später erkennen können, wenn sich

106

das Leben neu ordnet und wir die größeren Zusammenhänge verstehen, die uns weitergebracht haben. Hat der Traum der Gratwanderung Leos Ängste angesprochen, so kommt mir ein anderer Traum in den Sinn, den er vor einiger Zeit in die Therapie mitbrachte.

Leos Seele spricht eindrücklich zu ihm und schenkt ihm immer wieder Zuversicht: Er träumt von einer wunderschönen Pflanze, deren alter Topf zerbricht. Leo spürt im Traum das Zittern der Pflanze und denkt, dass sie jetzt stirbt. Er empfindet Angst und Hoffnungslosigkeit. Doch als er wieder hinschaut, sieht er, dass die Pflanze wundersam erblüht.

Staunend hatte Leo seine neue Lebensqualität in der erblühenden Pflanze gespürt und sich an das zarte Wesen erinnert, sein inneres neugeborenes Kind, das er in seinem Herzen wohl behütet hat. Er fühlte sein Leben – wie das des kleinen Kindes – oft bedroht, doch er hat gelernt, es zu schützen. In unseren Gedanken und Vorstellungen meinen wir schnell, oft zu schnell, dass alles verloren sei, wie in Leos Traum – die Pflanze stirbt –, bis wir wahrnehmen, dass sich das Leben durch die Liebe immer wieder ins Licht wandelt.

Leo erzählt, dass Eva und er sich entschieden haben, Schneeschuh zu laufen. Sie freuen sich darauf. Es ist eine von den Unternehmungen, die länger, »waghalsiger« und sinnlicher geworden sind, wie es Leo einmal ausdrückte: Ferienreisen, Bergwanderungen oder Erlebnisse im Wald, wenn sie in der Morgendämmerung dem Singen der Vögel lauschen.

Diesmal haben sie eine Gruppe gewählt, beide kennen niemanden, der Bergführer geht voran. Das ungewohnte Schuhwerk macht Leo Mühe, er geht langsam und schwer, bergauf wird es immer schwerer. Plötzlich reißt ein heftiger Windstoß seinen Haarersatz vom Kopf. Alles scheint zu erstarren, die Luft wird eisig auf der Blöße seines Kopfes, die Blicke der Menschen, die ihn ansehen, scheinen auf seiner Kopfhaut einzufrieren, und er selber fühlt sich wie von einem Eisesblitz getroffen. Eine »Hauptsache« in seinem Leben, die ihn beschützt, ihm Sicherheit und ein Ansehen und Aussehen gibt, hat ihn in diesem Moment »eiskalt« verlassen. Das für ihn schlimmste Gefühl, seine unbeschreibliche Scham, wird öffentlich. Er fühlt sich nackt und bloßgestellt vor Menschen, die ihn nicht kennen, zu denen er keinen Bezug hat. »Ich fühle mich total behindert, ohnmächtig. Gelähmt starre ich auf diesen unlösbaren Konflikt. Ich bin zum Clown, zum Narr geworden. Noch nie in meinem Erwachsenenalter habe ich mich so bloßgestellt, so nackt, so verkannt gefühlt. Ich schäme mich unsäglich. Auch vor Eva, die neben mir steht. Am liebsten würde ich mich verstecken, ein Tuch über mein Gesicht legen. Für immer ...«

Ich fühle mit Leo und denke an die Szene im Märchen »Rapunzel«, in der dem Königssohn, nachdem es noch nicht an der Zeit war, seine Liebe wiederzusehen, von Zauberhand ein weißes Tuch über seine erblindeten Augen gelegt wird. Etwas später begegnet er seiner Geliebten und erkennt ihre Stimme. Als sie seine Tränen küsst, öffnet er die Augen und wird sehend, ohne Scham. In diesem Bild schützt das weiße Tuch auf der seelischen Ebene – auf der physischen ist er blind und dadurch geschützt vor äußeren Einflüssen – vor der zu frühen Begegnung mit seiner Geliebten, der er sich innerlich noch nicht gewachsen fühlt. Er würde sich wegen seiner Unreife schämen. In extremen Situationen, denen wir uns nicht gewachsen fühlen, brauchen wir Schutz, ein weißes Tuch, das uns liebevoll »wie von Zauberhand« umhüllt und uns erlaubt, den Blick tiefer nach innen zu wenden, zu ruhen, bis wir uns bereit fühlen, der Welt mit offenen Augen zu begegnen. Leo sehnt sich nach diesem Schutz – ein Schutz, der ihm entgegenwartet.

»In mir läuft ein Film ab, der immer wieder reißt: Ich genüge nicht. Ich habe Angst, alles zu verlieren; Angst vor den Konsequenzen, wenn sich Grundlegendes in meinem Leben verändert. Ich bin nicht liebenswert. Ich habe Angst, dass Eva mich ablehnt und ich mich wieder ausgegrenzt fühle. So wie früher. Ich will diesen Schmerz nie mehr spüren ...« Eva geht mit ihm ins Hotel, sie begleitet ihn still. Unglaublich müde sitzt Leo da, nachdem das Unaussprechliche gesagt ist. Sein ganzer Körper scheint zu weinen.

Seine Seele gibt ihm Trost und Schutz. Er träumt in einer der folgenden Nächte: Es ist sehr heiß, er macht einen 100-Meter-Lauf, die Zuschauer singen spirituelle Lieder. Später ist er eingeladen, fühlt sich neben dem Mann der Hausherrin schwach und ausgeliefert, bis er auf den Mann zugeht und ihm kräftig die Hand gibt. Er erschauert bei dieser Berührung.

In Leos Seele ist Heilung geschehen. Die entsetzliche Scham, das Bloßgestelltsein in der Öffentlichkeit, hat sich gewandelt in ein liebevolles Getragensein – die Menschen singen spirituelle Lieder. Und obwohl es sehr heiß ist – für Leo eine Qual –, kann er sich vom Klang des Vertrauens tragen lassen. Und er ist nicht mehr in der alten Schwäche und Hilflosigkeit gefangen, sondern geht auf den »Hausherrn« zu, gibt ihm kräftig die Hand und begrüßt damit seinen inneren Mann, sein neu erwachtes, männliches Selbstvertrauen, das die Bewährungsprobe des Lebens bestanden hat. So wie es in verschiedenen Kulturen noch heute Initiationsrituale gibt, um das Erwachsenwerden, das höchste Fest des Lebens, zu feiern.

Aufbruch statt Zusammenbruch

> Wer bin ich? Dieses oder jenes Bild?
> Mir ist bewusst geworden, wie wichtig es für
> mich ist, kein Bild auszuklügeln; wenn es an
> der Zeit ist, dann geschieht es wie von selbst,
> vom Selbstwert, ganz leicht, ohne Mühe,
> mühelos. Manchmal ist es nicht mehr nötig,
> es zu tun.
>
> *Leo*

Nach dem tiefen Durchgang, die eigene »Blöße« zu durchleben und dabei zu erfahren, dass er nicht gestorben ist vor Angst, ordnet sich Leos Leben in ganz neuen Bahnen. Er spricht aus, was er fühlt und was er denkt, ohne sich zu überlegen, was die anderen denken könnten: »Ich merke, es wird endgültig. Ich kann wählen, wie ich mit einer Situation umgehen will. Ich wähle Aufbruch statt Zusammenbruch.«

Leo wächst förmlich über sich hinaus, seine Lebenskraft reicht aus, zehn Stunden zu arbeiten und sich nicht mehr ausgelaugt zu fühlen. Die Intensität im Job nimmt zu, es beginnt ihm Spaß zu machen. Völlig unerwartet für ihn erhält er dennoch einen Dämpfer. Seine Anstellung wird auf 80 Prozent reduziert, obwohl das letzte Qualifikationsgespräch gut war und sein Engagement anerkannt wurde.

Leo wählt, die menschlichen und finanziellen Resultate gelassen anzunehmen. Er akzeptiert die für ihn schwierige Zeit: Manchmal platzt er förmlich vor Wut, manchmal fühlt er sich entmutigt. Gelegentlich stellt sich die verführerische Frage: Wäre es nicht doch einfacher, zusammenzubrechen? Wieso soll er der Starke sein und die Ungerechtigkeiten aushalten?

Das Gespräch mit dem Vorgesetzten, das Leo einfordert, verläuft für ihn unbefriedigend und einseitig. Er kommt nicht zu Wort. Auf die Vorwürfe »Du bist zu kompliziert, du liest deine Statements ab, du bringst es nicht auf den Punkt« gibt es für ihn nichts zu entgegnen. Der vorwurfsvolle Umgangston ist für ihn unverständlich, besonders nach dem erfreulichen, ermutigenden Qualifikationsgespräch. Was soll das Ganze? Gerade jetzt? Auf seine Frage, welchen Stellenwert die gute Qualifikation für seine Tätigkeit der letzten Monate habe, bekommt er keine Antwort. Und überhaupt – die Antworten auf seine Fragen scheinen auszubleiben. Stellt er die falschen Fragen? Gibt es im Moment keine Antworten? Fragen über Fragen ...

Wenige Wochen später wird seine bisherige Stelle ausgeschrieben. Ihm werden weniger anspruchsvolle Aufgaben zugeteilt, er soll in ein anderes Büro versetzt werden. Vom Gruppenchef erfährt er, dass die Mitarbeiterinnen nicht mit ihm im selben Büro sein und nicht mit ihm zusammenarbeiten wollen. Sie würden Bauchschmerzen bekommen, wenn sie mit ihm zu tun hätten. Er sei zu kompliziert. All das durch das »Buschtelefon« geflüstert, kränkt Leo sehr: »Ich schäme mich, dass mir das passiert. Ich verstehe es nicht. Freude scheint nicht erlaubt zu sein. Ich bin wütend.«

Indem der Mann, mit dem niemand reden will und

dessen Gegenwart scheinbar Bauchschmerzen verursacht, diese Worte formuliert, spürt er »heiligen Zorn« – eine herrliche Kraft, die ihn wie von Zauberhand aus seinen chaotisierenden Gefühlen der Scham und der Aggressivität herausholt. Leo landet wieder sanft in seiner Mitte: »Ich kann mich von der Missachtung, die mir entgegengebracht wird, disidentifizieren. Es ist genug. Ich werde voll in die Situation hineingehen und nicht davonlaufen.«

Leo wird in ein »Kabäuschen« unter dem Dach versetzt. Dort ist er allein mit den Spezialaufgaben, die ihm zugeteilt werden, allein mit seiner neu gewonnenen Lebensfreude. Er bleibt ausgeschlossen. In einer Mitarbeitersitzung sagt ihm der Vorgesetzte vor allen anderen, dass er im Team keine Zukunft habe. »Das Lachen könnte einem vergehen. Es tut weh, sie wollen mich loshaben. Da ich Beamter bin, geht das nicht so einfach.« Wieder, immer wieder erlebt Leo Respektlosigkeit, so als würden ihn die alten Verletzungen auf Schritt und Tritt verfolgen.

Die Hartnäckigkeit unserer Glaubensmuster ist enorm: Sie sitzen uns in den Knochen, gehen durch Mark und Bein, kriechen uns über die Leber, liegen uns auf dem Magen, sodass wir aus der Haut fahren könnten. Doch Leo fährt nicht mehr aus der Haut. Er hat gelernt, seinen Fokus immer klarer auf das zu lenken, was er will und was er nicht mehr will. Dies ist eine Fähigkeit und ein sehr großes Talent innerer Weisheit, wie es im Gelassenheitsgebet beschrieben ist, das der deutsch-amerikanische Theologe Reinhold Niebuhr um 1942 in Amerika verfasst hat: »Gott gebe mir die Gelassenheit, Dinge hinzunehmen, die ich nicht ändern kann, den Mut, Dinge zu ändern, die ich ändern kann, und die Weisheit, das eine vom anderen zu unterscheiden.« Diese innere Haltung ist ein Geschenk der eigenen Entwicklung – etwas Wunderbares und doch nichts Besonderes.

Mit der Frage »Wo ist mein Platz in der Welt? Er muss doch in dieser Welt sein ...« bricht in Leos Seele der nächste Sturm los – ein gewaltiger Orkan, der Leo erschreckt. Blanker Hass steigt in ihm hoch. Sein Körper zittert. Es sind grauenerregende Gefühle, die er noch nie gespürt hat. Sie entfesseln sich. Die dicken Mauern eines uralten Gefängnisses scheinen einzubrechen, Ungeheuerliches bricht auf. In einer Übung lenkt Leo seine Aufmerksamkeit auf seinen Körper, auf seinen Solarplexus, den Ort in seinem Körper, den er als Zentrum von seinem Selbst und seinem Selbstwert kennengelernt hat. Er fühlt ihn weit, geräumig, und spürt, dass sich seine Nerven und Sinne nach innen wenden, sich mit dem zentralen Nervensystem in der Wirbelsäule verbinden können. Er ist überrascht, dass die Hassgefühle in seinem Körper toben und er dabei ruhig bleiben und seinen Selbstwert würdigen kann. Er spürt die spirituelle Dimension des Selbst in ihm. Jetzt kann er seine Persönlichkeitsstruktur ansehen. Er sieht vor seinem Inneren Auge eine geduckte Gestalt mit schmerzverzerrtem Gesicht. Er kann dem »Hasserfüllten« in ihm erlauben, da zu sein. Mit dem Herzen versteht er die heftigen Gefühle; die Gedankenstrukturen, die sich aus den Erfahrungen, nie zu genügen, in ihm festgesetzt haben: Überzeugungen, die verhindern, den eigenen Platz einzunehmen, und natürliche Lebensfreude zu verbieten scheinen. Leo versteht seinen Persönlichkeitsteil, der in Tränen ausbricht. Das innere Weinen löst den enormen Druck in seiner Seele und in seinem Körper. Leo spürt »Rückenstärke« statt Hass.

In diesem Moment wird ihm klar, dass er handeln will. Er will an seinem Arbeitsplatz den Mund aufmachen, sich wehren, für sich selber einstehen, etwas, das er als Kind nicht konnte und bis vor kurzem auch nicht als Erwachsener. »Ich will nichts mehr beschönigen, nicht mehr blauäugig sein, nur damit ich es irgendwie aushalten kann ...« Als Leo diese Tatsache laut ausspricht, spürt er, wie Lebensenergie in seinen Körper fließt. Es ist, als würde ein schwerer Rucksack, den er seit seiner Geburt mitschleppte und dessen Lasten ihn immer mehr beugten, von seinen Schultern abfallen. »Sie können Täter spielen, weil ich die Opferrolle übernehme. Sie geben mir keinen Raum, so wie es immer war, seit meiner Geburt ...« Dies zu formulieren, befreit ihn. »Jetzt darf ich meine Fähigkeiten zeigen ...«, diesen heilenden Satz sagt ihm sein Herz. Sehr zufrieden bestätigt er: »Und ich will auf mein Herz hören.«

Wählen wir unser Herz, leben wir das, was wir wirklich wollen. Die Aufrichtigkeit der Gefühle und die wahrhaftige Selbstreflexion bahnen Schritt für Schritt der Kraft des LiebeWille den Weg. Wir beginnen, konsequent zu handeln, wie Leo: »Ich beginne die Menschen zu lieben mit ihren Fixierungen, Eigenheiten, Widersprüchlichkeiten. Ich beginne mich zu lieben mit meinen Fixierungen, Eigenheiten, Widersprüchlichkeiten. Dies ermöglicht mir Nähe und Klarheit. Ich liebe, wenn ich nicht identifiziert bin, wenn ich frei bin, wenn ich nicht reagiere, wenn ich dort lebe, wo ich wähle und die Impulse auftauchen lassen kann, von diesem Ort her, wo ich nicht konditioniert bin. So agiere ich, statt zu reagieren.«

Raum geben durch Raum nehmen

Leo nimmt seinen Platz ein und gibt dadurch der Lebensfreude Raum. Das spürt er in seinem Leben, in seinem Umfeld, im Kontakt mit den Menschen. Die alten Muster der Minderwertigkeit, der Angst, der Schuld und der Scham stehen nicht mehr als unsichtbare Barrieren zwischen ihm und den Menschen. Seine Sprache wird direkter und kommt an, sein Blick, der sich selber in die Augen gesehen hat, schaut in die Herzen der Menschen. Er freut sich über die Resonanz, die er auch ohne Worte wahrnehmen kann. Mit Leichtigkeit kann er seine Bedürfnisse gegenüber Eva aussprechen. Menschen, Frauen und Männer, lachen ihn an, andere suchen das Gespräch mit ihm. Er besucht einen Englischkurs, der ihm Spaß macht, ohne dass er ein Ziel vor Augen hat.

Abschließen durch Öffnen

Die Träume seiner Jugend werden wahr: Die Spätwerke verschiedener Komponisten interessieren Leo, er geht in die Volkshochschule, die Biografie von Richard Strauss fasziniert ihn. Forschen, erfassen, formulieren, mitgehen, offenbaren, weitergehen, so fühlt er sein Leben als eine heilende Zeit –

heilig still. Er erkennt immer bewusster größere Zusammenhänge, nicht nur in seiner eigenen Biografie, sondern auch im Weltgeschehen. Themen des Zeitgeistes zu reflektieren macht ihn glücklich und öffnet sein Herz für Neues. »Sterne markieren meinen Weg«, sagt er. »Meine Sensibilität wird geschärft: Das, was gewesen ist, braucht keine Versöhnung mehr, keine Vergebung. Es reicht aus, dem treu zu sein, was ist. Für mich heißt das, alle Voraussetzungen mitzunehmen, voll und ganz in das Leben zu gehen, in die Gnade des richtigen Moments. Ich wähle, wer ich sein will. Es gibt kein Dafür und kein Dagegen, es geht weiter.« Leo fühlt sich berechtigt, einen Berufswechsel ins Auge zu fassen. »Es ist unwichtig, ob ich therapeutisch, sozial oder pädagogisch tätig werde oder etwas ganz anderes mache. Die äußere Form ist egal. Ich will meinen eigenen Rollen nicht mehr auf den Leim gehen. Mein eigener Prozess bestimmt meinen Ausdruck.«

Lösen durch Annehmen

Für Leo ist es jetzt wirklich in Ordnung, dass die Gespräche mit dem Vorgesetzten einseitig verlaufen. Er kann es akzeptieren, weil diese Art von Kritik und Beurteilung nebensächlich geworden ist, auch wenn er noch keinen neuen Job oder eine andere berufliche Perspektive in Aussicht hat. Er hat Vertrauen in die Entwicklung seines Lebens: »Das Leben hat noch viel vor mit mir ...« Seine Seele leuchtet.

Fortschreiten durch Innehalten

Die schönsten Ferien seines Lebens verlebt Leo auf der Riederalp in den Schweizer Bergen: Keine Sekunde hat er das Gefühl, ausgeliefert oder hilflos zu sein. Das Mitgestalten der Tageswanderungen bereitet ihm helle Freude. Er spürt ein neues Lebensgrundgefühl: Die Angst, vernichtet zu werden, ist abgefallen: »Ich bin wichtig in der Welt.« LEBEN, die fünf großen Buchstaben, wie er sie seit seinem Geburtstag in diesem Jahr nennt, sind ihm nicht mehr vorenthalten. Tauchen die alten Glaubenssätze auf, kann er innehalten, sie akzeptieren, neue Selbsterkenntnis gewinnen und fortschreiten.

Im Einklang sein durch Stille

»Ich bin im Rücken und fühle meinen Rückhalt. Das Leben bewegt sich in mir. Ich expandiere und bringe mich ein ...« Leos Worte sind wie Sommerblüten: »Es steht mir etwas Neues, Stilles zur Verfügung: eine bestimmte Präsenz. Es ist ein Dasein mit Leib und Seele, mit äußerster Entschiedenheit, kristallklar und dynamisch. Lasse ich mich auf das ein, was in diesem Augenblick ist, bin ich voll und ganz.« In solchen Lebensmomenten fließt in ihm der Kosmische Liebe-Wille: Leos individueller und der göttliche Wille sind im Einklang – eine umfassende innere Aktivität der Reife.

Jetzt ist jederzeit

Das, was ich wirklich will, ist, vom Ort her
leben, von dem ich wählen kann. Dies bedingt
Treue zu dem, was jetzt ist. Und es immer
wieder wohlwollend in meine Arme zu
schließen, wenn es nicht so ist. Es wird sich
zeigen oder nicht. Es wird Form annehmen
oder nicht. So wie es ist, ist es gut.

Leo

Leo erinnert sich an seinen Traum, in dem er auf der
Grenzlinie stehen geblieben war, die ersten Schritte
ins unbekannte Neuland wagte und wieder stehen
blieb. Jetzt, ungefähr ein Jahr später, sei er über die
bisherigen Grenzen seines Lebens hinausgegangen,
und er werde nicht mehr stehen bleiben wie Lots
Frau, die zur Salzsäule erstarrte, als sie zurückblickte.
Sein Blick sei weder nach hinten noch nach vorn
gerichtet, sondern: »Mein Blick ist die Mitte – mein
Augenblick.«

Wie können wir uns in der unmittelbar erlebten
Gegenwart halten? Wie können wir Lebensfreude
spüren und sie nicht bereits an der nächsten Schicksalskreu-
zung wieder verlieren? Wie können wir diese Lebenskunst
erlernen? Der Anspruch an uns, dass erst alles in Ordnung
gebracht werden muss, bevor wir beginnen können, uns
selbst zu entfalten und glücklicher zu sein, gehört möglicher-
weise zu den »eingeübten Erfahrungen« der Vergangenheit.
Das Wagnis jedoch, Vorwürfe an sich selbst und an andere

aufzugeben, ist der Mut und das Vertrauen eines jeden neuen Augenblicks – die unterliegende Qualität der Lebensenergie LiebeWille, die sich auf das »Abenteuer Leben« freut und den Fokus auf die Kraft und die Zuversicht lenkt. Nicht die Lasten erdrücken uns, sondern die Auflehnung dagegen.

Leos Worte: »Wenn ich etwas bekämpfe, lade ich es mit Energie auf, ich baue es auf. Ich bin dagegen, ich leiste Widerstand, ich gehe dagegen an: Gewalt löst Gegengewalt aus. Ich schneide mich ab. Wenn ich das Leben einfach wahrnehme und lasse, dann segne ich es und bin nicht mehr getrennt. Energie fließt meinem Leben zu von dorther, wo ich wählen kann.«

Die eigene Wahl

Zu Beginn dieses Jahres hat Leo gewählt, seine bisherige Arbeit zu beenden. »Nein, beenden stimmt nicht«, sagt der Mann, dessen Blick früher in der Decke verschwinden wollte und der mich heute direkt ansieht, und kleine Lachfältchen kräuseln sich um seine blauen Augen. »Bitte ersatzlos streichen, ich werde weitergehen. Ich tu mir Gewalt an, wenn ich meine Schöpferkraft nicht lebe. Ich werde kündigen. Meine alten Sicherheitsbedürfnisse beeindrucken mich nicht mehr. Meine Seele hat Flügel bekommen, sie verträgt keine Machenschaften mehr. Voraussetzung für meine Wahl ist, dass ich gehen und dass ich bleiben kann, wenn ich will. Das macht mich frei. Und ich weiß, ich werde immer genug Geld im Portemonnaie haben.« Es ist so weit: Leo hat gekündigt. Sein Feuer-Sonnenball war gesetzt und hat jetzt gewirkt.

Hören wir auf die Motivation des Herzens, spüren wir, welche Worte inhaltlich tragend sind, wo Lebensenergien fließen, welche Türen sich öffnen und welche im Moment verschlossen sind. Der intuitive Impuls handelt, ohne zu zögern, wenn es an der Zeit ist. Ziele müssen nicht mehr systematisch, diszipliniert verfolgt werden, sondern definieren sich als Ergebnisse des Lebens: aktiv nichts tun, aktiv warten, handeln, geschehen lassen und den Wachstumsprozessen vertrauen.

Arbeitslos

Als Leo gekündigt hat, zeigt sich ihm das Thema »Wie bin ich in Beziehung mit der Welt?« wie eine leise Erinnerung an vergangene Zeiten auf der körperlichen Ebene. Die konkreten Schritte in seinem Leben scheinen ihn nochmals auf Herz und Nieren zu prüfen. Eine leichte Mittelohrentzündung erinnert ihn auf der körperlichen Ebene an die Glaubenssätze, die mit seinen Existenzängsten und seinem »falschen Hören«, dem er nicht vertrauen konnte, zu tun haben. Der diesmal sanfte körperliche Hinweis der Seele macht dem energisch Fortschreitenden bewusst, dass er die »alten Vorwürfe« wirklich nicht mehr hören will. Leo lenkt sein Bewusstsein liebevoll auf die Lebenskraft seiner Nieren, statt die Existenzängste zu fokussieren. Die Symptome klingen ab.

Gespräche bei der Berufsberatung – die Bewerbung an der Schule für Soziale Arbeit scheitert am Praktikum. Der 47-Jährige geht sorgfältig mit jedem Tag um. Interessiert beobachtet er, was in ihm geschieht, wenn er Ablehnung oder Wertschätzung erfährt, wie zum Beispiel für seine Fähigkeit des aufmerksamen Zuhörens und seine feinfühlige Präsenz. Er spürt Resonanz, nimmt seine Gefühle wahr und freut sich über seine immer sensibleren Wahrnehmungen, unspektakulär und schlicht: Resultate muss er keine erzielen, sie sind für ihn unwichtig geworden. Sich selbst anzuerkennen, egal, was geschieht oder nicht geschieht, spürt er als wesentliche Kraft, die ihn beflügelt.

Wege, Umwege

Leo weiß, dass ihn nichts von seinem Weg abbringen kann. »Ich bin die Instanz, ich habe alles, was ich brauche. Es passiert oder es passiert etwas anderes.« Im Urdörfli bei Pfarrer Sieber, einer Notschlafstelle für Obdachlose, kann er während einer Nachtwache herausfinden, ob ihm diese Arbeit gefällt. Er lässt sein Herz wählen: Der Impuls lautet: »Etwas geht nicht auf«, und er sagt ab.

Ehrlich und authentisch

Bei der Arbeitslosenvermittlung spricht Leo an, dass er sich nicht für Stellen bewerben könne und wolle, die ihn nicht interessieren oder die in keiner Art und Weise für ihn geeignet seien. »Nur um Geld zu bekommen – das geht nicht für mich. Ich mache, was ich kann und was für mich richtig ist.«

Reaktionen

»Komisch, dass die Menschen mich so besorgt fragen:
›Was machst du jetzt? Wie soll das weitergehen? In
deinem Alter? In dieser schlechten Situation auf dem
Arbeitsmarkt?‹« Diese Fragen sind für Leo nicht mehr
relevant. »Wesentlich ist, dass ich mich einbringe. Das
reicht vollkommen aus.«

Jetzt

Leo hat zunächst stundenweise in einem Kiosk gear-
beitet, nun ist er täglich vormittags dort. Bei einem
zweiten Kiosk hat er die Stellvertretung übernom-
men. Die Arbeit gefällt ihm, er besuchte zuvor eine
Geschäftsführer-Weiterbildung. Würde jemand den
braunen Lederrucksack, der zu Leo gehört wie das
Tuch um den Hals und die leuchtend farbigen
Socken, nach seiner Lebensgeschichte fragen, würde
er wahrscheinlich erleichtert lächeln: Denn die alten
Lasten, Jahr um Jahr geschleppt, haben sich aufgelöst.
Man könnte wahrnehmen, dass der Rucksack, der
viele Bergwanderungen überlebt hat, trotz seiner Jah-
resringe und der leicht glänzenden Lederpatina
jugendlich und unternehmungslustig wirkt. Und tatsächlich, der Mann mit dem leichten Gepäck sagt:
»Heute komme ich nicht mehr als Klient zu Ihnen.«
Der Impuls, mit ihm gemeinsam Worte zu finden, um
seine Lebensgeschichte und seine Wachstumsschritte
ehren und würdigen zu können, ergibt sich unerwartet. Leo sagt sofort Ja.

Im Einklang sein

Frei sein und frei lassen

Lernen Sie Ihre Sinneswahrnehmungen wieder nach innen zu wenden, spüren Sie, wie sich Ihre Nerven tief beruhigen. Sie müssen nicht mehr kontrollieren, was im Außen geschieht. Vertrauen breitet sich in Ihnen aus, Sie fühlen sich innerlich frei und können dadurch lernen, andere Menschen und auch andere Lebenssituationen frei zu lassen. Alles Leben ist beseelt. Sie erleben eine neue Dimension: das Im-Einklang-Sein.

Setzen Sie sich bequem hin, verbinden Sie sich mit dem Atemkreislauf im Rhythmus des langen Ausatmens: den Moment der Stille und das Einatmen geschehen lassen. Lenken Sie Ihre Aufmerksamkeit auf Ihre Sinneswahrnehmungen, mit denen Sie die innere und äußere Welt wahrnehmen: Ihr Hören, Sehen, Riechen, Schmecken und Ihren Tastsinn.

Sind Ihre Sinne wach, lebendig? Spüren Sie einige Sinne stärker als andere? Einfach beobachten und liebevoll akzeptieren, wie es ist. Dann lenken Sie einen Moment Ihre Aufmerksamkeit auf die Nerven und Sinne in Ihrer Haut. Wie fühlt sich Ihre Haut an? Sind die Nerven und Sinne in Ihrer Haut mehr nach außen gerichtet? Wollen Sie kontrollieren, was im Außen geschieht? Sind Sie eher nervös oder eher ruhig? Erlauben Sie, dass sich Ihre Nerven und Sinne in Ihrer Haut nach innen wenden dürfen, ganz tief nach innen, und sich mit Ihrem Kosmischen Herzen rückverbinden dürfen. Und dann können Sie erlauben, dass sich alle Ihre Nerven und Ihre fünf Sinne – Ihr Hörsinn, Ihr Sehsinn, Ihr Geruchssinn, Ihr Geschmackssinn, Ihr Tastsinn – nach innen wenden und in Ihrem Herzensinnenraum ruhen dürfen. Spüren Sie, wie sich das anfühlt.

Spüren Sie Ihren Beckenboden. Lassen Sie sich in sich selbst nieder und lassen Sie sich von der wärmenden, nährenden Erdenergie tragen. Erlauben Sie sich, ganz in diesem Moment zu sein. Alles andere ist unwichtig – alle Gedanken, alle Gefühle, alle Körperempfindungen. Sie können sich später der Alltagsrealität wieder zuwenden. Spüren Sie das Licht des Universums und die Geborgenheit der Erde in Ihrem Herzen. Vielleicht möchten Sie sich bewusst werden, spüren und innerlich aussprechen: »Ich bin im Einklang.« Spüren Sie die Qualität der inneren Freiheit, die aus dem Im-Einklang-Sein erwächst.

Lassen Sie dieses Gefühl in Ihren Körper fließen, in jede Zelle in Ihrem Körper. Nochmals tief ein- und ausatmen und sich gut im Körper spüren. Dann ganz langsam die Augen öffnen.

Offenes Ende

Das Höchste, das Größte? Die Pflanze kann es
dich lehren. Was sie willenlos ist,
sei du es wollend.

Friedrich Schiller

»Das Leben hat noch einiges vor mit mir«, sagt der Mann, der nichts mehr beweisen will und der aus dem unglücklichen Bannkreis des »Nichtgenügens« ausgestiegen ist. Wie es weitergeht? Ein offenes Ende, das keine Ziele braucht. Der Sinn ist das Leben selbst, das sich in jedem gelebten Jetzt erlebnisnah vollendet.

Das gewachsene Vertrauen erfüllt Leos Gegenwärtigkeit. Er ist offen für Neues und Unbekanntes. Das Bild dafür könnte die große Eiche sein, die Leo zu lieben gelernt hat. Sie säumt den Weg, den er oft als Kind gegangen ist. Mit ihrem kräftigen Stamm und dem weit ausladenden Blätterdach war sie immer schon da und wurde für ihn zum Symbol für die Entwicklung in seinem Leben.

Wenn wir Vergangenheit und Zukunft ganz frei lassen, sind wir im Jetzt. Gegenwärtig sein ist eine Wahl. Statt sich »abgrenzen zu müssen« wie hinter alten Klostermauern, gehen wir auf den Marktplatz des Lebens. Dort entdecken wir vielleicht eine 100-jährige Eiche, eine grazile Birke, deren zartgrüne Blätter sich leise im Wind bewegen, oder einen anderen Baum, den wir lieben: Berühren wir den Stamm mit unseren Händen, können wir die Lebenskraft spüren, die uns an unser tiefes inneres Wissen erinnert.

Wir verabschieden uns: Der Mensch, der heute vor mir steht, ist innerlich »neu geworden«. Er weiß, was es heißt, ausgegrenzt zu sein. Er kennt Trauer, Wut, Hass, Angst, Schuld und Scham. Mit seinen Gefühlen, die Fremdlinge im Land seiner Seele waren, hat er sich angefreundet. Dass er lebte, was er nicht wirklich wollte, und sich selber und damit sein Glück in die sehnsüchtig suchende Grauzone verbannte, hat sich als »Schicksalslernen« offenbart. Seine Sprachlosigkeit sammelte im Rückzug Kraft.

Verborgen in der Dunkelheit fand er sein Glück: nicht mehr auf der Suche sein zu müssen. Es macht ihn glücklich: Er muss sich nicht mehr hinter dem verstecken, was »alle tun«. Und wenn er andere glücklich machen will, muss er sich nicht mehr unterordnen. Er spricht, er hört zu und er spricht – eigene, klare Worte. Orientierung findet er in seinem Herzen, einer stillen Kraft, der er vertraut.

Leo berührt mit der rechten Hand seinen Kopf: »Die Kopfhaut ist noch etwas weiß, aber das wird sich bald ändern«, sagt er wie selbstverständlich. Er hat vor einigen Wochen seinen Bart abgeschnitten, seinen Haarersatz abgelegt und sorgfältig in eine Schublade gelegt. Er braucht keinen Ersatz mehr.

»Ich will von dem sprechen, was geworden ist«

Was braucht es, um durch schmerzhafte Lebensprozesse hindurchzugehen?

Leos Antwort ist einfach: »Ich fühle mich erhört. Ich fühle mich erkannt und tief berührt. Ich habe gelernt, dass es einen Menschen braucht, der nachfragt und mitfühlt. Dank dem Nachfragen sind die in mir schlummernden Fragen wach geworden. Die Intensität meiner eigenen Fragen hat mir den Zugang zu meinem Potenzial ermöglicht. Und die Antworten, die ich in meinem Herzen gefunden habe, geben mir Selbstvertrauen. So ermächtige ich mich selbst. Der Stein, der auf meinem Herzen lag, kam ins Rollen, und ich begann langsam meinen eigenen Schritten zu vertrauen.«

Was würde Leo einem Freund sagen, der ihn nach seinen Erlebnissen fragt?

»Ich möchte ihn wahrnehmen und spüren, wo er innerlich steht. Vielleicht würde ich ihm etwas von meinen Schritten erzählen, von dem, was geworden ist und wird. Ich möchte mich von seinen Fragen berühren lassen. Denn das ist es, was ich wirklich will: spüren, wahrnehmen, mich in Liebe einbringen, lauschen, sprechen und die Menschen dort abholen, wo sie wirklich sind – in diesem Augenblick. Das ist alles. Ich nehme immer mehr wahr, wenn es für mich nicht

stimmt, wenn ich nicht in der Gegenwart bin. Ich lei-
de dabei. Es tut mir leid. Ja. Immer dann, wenn ich
nicht gegenwärtig bin, kreiere ich Leiden. Das
Ganz-im-Jetzt-Sein ermöglicht das Lassen.«

Bewusstseinsschritte
des LiebeWille

Liebendes Hinschauen ist Akzeptanz – die Wandlungskraft des Herzens. Wenn wir innehalten und auf unsere Angst schauen, die uns verfolgt, bleibt sie stehen. Statt sie als Feind zu betrachten, können wir uns ihr zuwenden. Akzeptieren wir die Angst als Struktur unserer Persönlichkeit, lernen wir sie verstehen. Wir können ihr einen Raum zuweisen, dessen Tür wir jederzeit öffnen und wieder schließen können. So kann sie uns nicht mehr »hinterhältig« und »hartnäckig« überwältigen. Wenn wir nichts Besonderes sein müssen, müssen wir auch nicht mehr kämpfen. Erkannte und akzeptierte Angst kann sich in ein wahrnehmendes Vertrauen wandeln.

Vertrauen wir dem Fließen der Lebensenergie, können sich die Lebenskräfte Liebe und Wille in uns verbinden. Gelingt es, Liebe und Wille, die vermeintlich gegensätzlichen Kräfte in uns, in Einklang zu bringen, können wir die Welt »aus den Angeln heben«. Dann wählt die Liebe, und der Wille gibt dem Gewählten Form und Struktur. Dadurch wird die Liebe mutig und stark; der Wille weich und sanftmütig. Dies ist die Qualität des natürlichen LiebeWille, der in die Entwicklung des Lebens vertraut.

Achtsames Anschauen lässt die Eisdecke über den Gefühlen schmelzen wie Schnee an der Frühlingssonne. Der oft eingefrorene LiebeWille taut auf und bringt viel Neues zum Fließen, wie zum Beispiel unerwartete Kreativität, berührende Menschenbegegnungen und mutige Handlungen. Die innere Haltung der zärtlichen Achtsamkeit wird lebendig: Wir verbinden uns durch das Herz mit unserem Selbst, ehren unseren Selbstwert und wachsen in die Ich Bin-Präsenz, in die Gegenwärtigkeit des eigenen Lebens hinein.

Das Wort »Anschauen« beinhaltet die Qualität der Andacht. Es ist ein Ruhen im »AugenBlick«, ein Verweilen in Gleichmut und Selbstachtung, das aus dem Bewusstsein erwächst, ein göttliches Wesen zu sein. Der *individuelle LiebeWille* stärkt und erhöht unseren Selbstwert.

Das Fließen der Lebensenergie des individuellen LiebeWille führt in eine spirituelle Dimension: *Durchschauen ist eine innere Qualität*, die uns befähigt, die Realitäten des alltäglichen Lebens als Fakten zu sehen und diese in Liebe anzunehmen und zu halten. Wir lernen, größere Zusammenhänge in der eigenen Biografie zu erkennen. Das umfassende Verständnis des Schicksals vertieft unsere innere Gelassenheit. Handeln wir mit Liebe, wird es dem anderen nicht schaden, auch wenn er sich verletzt fühlt. Der *schöpferische LiebeWille* erwächst aus dem Urvertrauen, das sich durch unser verantwortungsbewusstes Handeln ausdrückt.

Das *Überschauen führt in ein tieferes Erkennen größerer Zusammenhänge* des Schicksals und der damit verbundenen Entwicklungsprozesse. Aus dem Einwilligen in das eigene Schicksal erwächst die Intensität der Gegenwärtigkeit – der göttliche Wille und der natürliche, individuelle und schöpferische Wille werden kongruent. Der Kosmische LiebeWille wählt aus dieser Einheit heraus: »Das, was ich wirklich will ...« Und wir gewinnen Vertrauen, Mut und Zuversicht.

Ein neuer Anfang

Verbinden sich in uns Liebe und Wille, entfaltet sich die Kraft der Liebes-Lebensenergie LiebeWille. Durch die Bewusstseinsschritte Hinschauen, Anschauen, Durchschauen und Überschauen entwickeln sich die verschiedenen Qualitäten des Liebe-Wille, die uns befähigen, unser individuelles Potenzial voll auszuschöpfen und dadurch zur Menschheitsentwicklung beizutragen. Das neue Bewusstsein der Vernunft ist mit dem Herzen verbunden, und die Intelligenz der Seele handelt vernünftig, freiwillig und absichtslos. Die Werte der Selbstachtung, der Selbstbestimmung, des Selbstbewusstseins, der Menschenwürde, der inneren freien Entwicklung und der Lebensfreude können in uns und im Kollektiv neuen Raum einnehmen.

Begriffe
und ihre Bedeutung

Begriffe haben oft ihre ursprüngliche Bedeutung verloren – »ver-rückt« durch unsere persönlichen, nationalen und kollektiven Erfahrungen und Traumata. Den echten Wortklang wieder individuell zu spüren, herauszuhören und das Wesentliche vom Unwesentlichen zu unterscheiden, ist wohl gerade in der heutigen Zeit technisierter Kommunikation eine Bewusstseinsaufgabe. Um es mit den Worten Senecas zu sagen: »Mensch, werde wesentlich ... denn wenn auch die Welt vergeht, das Wesen, das besteht.«

1 Gefühle in Liebe halten

Zuwendung, die wir uns selber geben. Aus der liebevollen Zuwendung zu unserer Seele erwächst die Tiefe der Akzeptanz. Liebe durchdringt alle Gefühle und Gedanken und heilt unsere Verletzungen durch das Erkennen von dem, was jetzt in unserem Leben ist.

2 Glaubenssatz

Gedankenstrukturen, die durch unsere Emotionen, unseren Willen und unsere Körperempfindungen aktiviert werden. Das, was »uns glauben gemacht wurde«, haftet uns an und wird zu unseren Mustern, die unsere Identität bestimmen und unser Potenzial überlagern und einschränken können.

3 Konditionierung

Im Familiensystem gelebte Glaubenssätze und unterliegende, kollektive Überzeugungen, die suggestiv wirken und dadurch unser Verhalten tief greifend geprägt haben. Die unbewussten Konditionierungen verketten sich mit persönlichen, biografischen Glaubenssätzen und werden deshalb oft als eingefroren, stur, verdreht oder als besonders hartnäckig erfahren. Sie konditionieren sich durch Wiederholungen, die innere Aktivität und wache Präsenz »einschläfern«.

4 Ich bin in Liebe gehalten

Diese geistige Essenz öffnet und weitet unsere Herzensqualitäten. Aus ihr erwächst die Qualität des Vertrauens in die Entwicklung des Lebens. Es ist ein Vertrauen, das sich weder übermäßig anstrengen noch kämpfen muss.

5 LiebeWille

Liebe ohne Wille und Wille ohne Liebe sind unvollständig. In unserer Kultur, in Theologie, Philosophie, Psychologie und Pädagogik, wurden sie getrennt. Wille ohne Liebe kann grausam sein. Liebe ohne Wille resigniert und erduldet. Wählt die Liebe und führt der Wille das Gewählte aus, verbindet sich die innere Kraft der Liebe mit der Dynamik des Willens. Durch bewusste Reflexion vereinen sich Liebe und Wille zum LiebeWille – ein neues Bewusstsein der Vernunft und der Intelligenz der Seele.

LiebeWille ist eine Lebensenergie. Durch sie bringt sich unser Selbst, unsere geistige Essenz, zum Ausdruck. LiebeWille durchdringt unsere individuelle Seele und unsere Persönlichkeit, die uns als Werkzeug dient, unsere Aufgaben und Funktionen auszuführen. Sind die beiden Qualitäten Liebe und Wille im rhythmischen Einklang, geht die Liebe von einer bewussten inneren Wertehaltung aus und bestimmt Motivation und Inhalt. Der Wille gibt Struktur, Dynamik, Resonanz und bewirkt fließende Kontinuität. LiebeWille ist ursprünglicher, natürlicher Ausdruck von uns selbst. LiebeWille entfaltet sich Schritt für Schritt mit unserem seelisch-geistigen Wachstum in verschiedene Dimensionen: der natürliche LiebeWille, der uns Vertrauen schenkt; der individuelle LiebeWille, der unsere Seele und unseren Selbstwert würdigt; der schöpferische LiebeWille, der uns mit der spirituellen Dimension verbindet, und der Kosmische LiebeWille, der unseren eigenen Willen mit dem göttlichen Willen in Einklang bringt, uns Urvertrauen gibt und uns frei werden lässt in unserem Lassen und Tun.

6 Polarisierung

Dualistische Gedankenstrukturen, die uns zwischen dem einen und dem anderen Pol hin- und herreißen. Wir spüren unsere eigenen Stärken und Schwächen und denken fortwährend über sie nach. Im »heftigen Pendelschlag des Zweifels« übergehen wir die Weisheit und Ruhe der inneren Mitte: Sie ist das »Zünglein an der Waage«, die geistige Essenz, die nicht um sich selber kreisen, keinen Eindruck machen und keine »Spuren« hinterlassen muss.

7 Atemkreislauf

Der Kreislauf ist in die anfang- und endlose Zeit eingebettet. Wir geben die dualistischen Vorstellungen auf: Wir müssen nicht mehr die gute Luft einatmen und die schlechte ausatmen und uns dabei anstrengen, genug gute Luft zu bekommen, sondern wir vertrauen auf das Element der Mitte, auf den Wandlungsmoment der Stille, der nach jedem tiefen Ausatmen stattfindet. Eine Pause, ein Innehalten, ohne irgendetwas festzuhalten. Es ist der Moment, in dem nichts und alles geschieht.

8 Selbst

Im beschriebenen Kontext wird das Selbst als höheres Selbst, als geistige Essenz verstanden, die uns innewohnt und uns das Bewusstsein offenbart, ein göttliches Wesen zu sein, das sich durch das »Ich Bin« der individuellen Seele, durch die Liebe und Herzenswärme und durch das Potenzial der Persönlichkeit ausdrückt und manifestiert.

9 Ich bin ein Selbst und ich habe eine Persönlichkeit

Dieses Modell entstammt der Psychosynthese, einem psychologischen Ansatz, der spirituelle Aspekte mit einbezieht, indem er von einer göttlichen Entität ausgeht und von Teilpersönlichkeiten, unseren Rollen, die wir auf der »Bühne unseres Lebens« spielen. Die Instanz des inneren Beobachters ist der Regisseur, der uns innewohnt und der alles, was geschieht, wahrnehmen kann. Wie jedes Modell ist es ein Werkzeug, das klärend wirken kann, wenn wir durch individuelle Erfahrungen den geistigen Inhalt »ergreifen« können, dem ein Modell dienen soll. Dadurch verwechseln wir nicht die psychologischen Werkzeuge mit seelisch-geistigen Inhalten.

10 Persönlichkeitsstruktur

Persönlichkeitsstrukturen sind Gedankenstrukturen, die ihre Dynamik aus unserem Fühlen, Denken und Wollen beziehen und durch ihr »feuriges, dramatisches oder ängstliches« Verhalten unser seelisch-geistiges Potenzial überlagern können. Sie können uns antreiben, lähmen, zur Verzweiflung bringen oder uns unbeschwert und vertrauensvoll auf unserem Weg begleiten, wie zum Beispiel unser inneres Kind, verinnerlichte Elternqualitäten, der Rechthaber, der Verführer, das Opfer, der Täter, der Kontrolleur, der Saboteur oder der Minderwertige.

11 Identifizieren und disidentifizieren

Haben wir emotionale Probleme, sind wir mit diesen identifiziert. Die Probleme sind von uns selbst geschaffen. Also können wir sie auch wieder »entsorgen«. Das heißt, wir können die Sorgen wieder ablegen, so wie wir in einen Raum hinein- und wieder hinausgehen können. Und das heißt, wir disidentifizieren uns von unseren Persönlichkeitsstrukturen. Die darunterliegende Wirklichkeit ist immer dieselbe. Wir steigen aus unseren Rollen aus. Dazu brauchen wir Übung. Das »Hosenträgersyndrom« holt uns immer wieder in unsere oft problematischen Gewohnheiten zurück. Wir wollen aus dem Karussell der gewohnten Rollen aussteigen und bleiben, bildlich gesprochen, am Türrahmen hängen. Der elastische Hosenträger zieht uns blitzschnell ins alte Verhalten zurück. Akzeptieren wir die Gefühle und Gedanken unserer Persönlichkeitsstrukturen, hilft es uns, leichten Schrittes unseres Weges gehen zu können, wenn es an der Zeit ist.

12 Herzenergiezentrum

Die Energiezentren in unserem Körper, zu denen auch das Kosmische Herz gehört, entsprechen den Chakren, die wir aus der östlichen Spiritualität kennen. Es sind die »Sinnesorgane unserer Seele«, in denen sich die verschiedenen Qualitäten der Energiezentren bündeln. Wir können durch Übungen diese seelischen Sinnesorgane öffnen, weiten und die schlummernden Qualitäten ins Fließen bringen. Damit aktivieren wir auch den Fluss unserer Selbstheilungskräfte.

13 Die Ruhe der inneren Achtsamkeit

Aufrichtigkeit ist die Ruhe der inneren Aktivität. Sie lässt uns unsere eigene Wahrheit erkennen und akzeptieren.

14 Herzpunkt im Rücken

Das Herzenergiezentrum, das an der Vorder- und Rückseite des Körpers pulsiert. Zwischen den Schulterblättern können wir Schmerzen spüren, die oft mit tiefem Herzenskummer zu tun haben. Trauer, die unser »Beflügeltsein« lähmt und uns das Leben schwer macht, so schwer, dass wir innerlich Widerstand und Kontrolle aufbauen, die unseren Nacken hart werden lassen und unser zentrales Nervensystem einengen. Manchmal haben wir das Gefühl von einem Panzer, der uns gefangen hält.

15 Innere Familie

Unsere Persönlichkeitsstrukturen bilden unsere innere Familie. Es sind Eindrücke, Erlebnisse und Qualitäten, die wir beispielsweise in unserer Kindheit kennengelernt und verinnerlicht haben. Werden sie uns nicht bewusst, wiederholen wir das Gewohnte, Erlebte und Gelernte. Wir nehmen zum Beispiel das Familienskript als das »Maß aller Dinge«, ohne die Maßlosigkeit der Konditionierungen zu erkennen. Wir übernehmen Muster, ohne über sie nachzudenken, ohne sie infrage zu stellen. Wir können davon überzeugt sein, dass alles so sein muss wie bisher und dass sich alles »bis ins siebte Glied«, wie wir es in der Bibel lesen, wiederholen muss. Es scheint keinen Ausweg aus der bekannten Dynamik zu geben ohne das Risiko des Liebesverlustes oder des schrecklichen Gefühls, nicht mehr dazuzugehören. Durch einfaches Erkennen und Akzeptieren bahnt sich unsere innere Familie einen eigenen Weg, der in das Familiensystem passen kann oder daraus hinausführt. Beides ist bereichernd und erfüllend.

16 Visualisierung

Eine Technik, die es uns ermöglicht, Seelenbilder und Lebenssituationen zu erinnern und die damit verbundenen Gefühle zu spüren, die Gedanken zu erkennen und die Körperempfindungen wahrzunehmen. Die emotionale Essenz können wir im Herzen spüren. (Wahrnehmen bedeutet, ohne vorgefasste Vorstellungen die Wahrheit anzunehmen.)

17 Inneres Auge

Wir nennen es auch drittes Auge im Kreislauf der Chakren. In diesem Kontext sprechen wir vom inneren Beobachter, dem »göttlichen Auge«, das unsere Gefühle, Gedanken und Körperempfindungen wahrnehmen kann.

18 Nach innen wenden

Die Aufmerksamkeit, den Fokus nach innen wenden ist ein Innehalten, ein »Vergessen« unserer Glaubenssätze für diesen stillen Moment der Ruhe. Sie sind unwichtig. Wir können uns den Gedankenstrukturen zu einem späteren Zeitpunkt zuwenden. Aus dem Nach-innen-Wenden erwächst die Konzentration auf den Atem, ohne Anstrengung und ohne bewusst Atem schöpfen zu wollen.

19 Liebes-Lebensenergie

Die Liebesenergie bezieht sich auf die seelische Herzensqualität in der Verbindung zur Tiefe der göttlichen Erde; die Lebensenergie bezieht sich auf die geistige Lichtqualität der kosmischen Dimension. In diesem Sinne beinhaltet das freie, tiefe Fließen der Liebes-Lebensenergie LiebeWille einen Entwicklungsweg auf verschiedenen Ebenen, der sich durch bewusste Schulung der Selbstbestimmung und Erkenntnisliebe entfaltet und entwickelt.

20 Ich Bin-Präsenz

Wir verbinden uns achtsam mit dem Bewusstsein des »Ich Bin«, mit der Herzenswärme, der Treue zu uns selbst und mit unserer geistigen Tiefe.

21 Kosmisches Herz

Es ist das Energiezentrum des Herzens. Im physischen Herzen spüren wir unsere Emotionen, Gedanken und Körperempfindungen. Im Kosmischen Herzen erspüren wir die kosmische Dimension der Liebe. Es ist das Zentrum unserer Seele, das »Ich Bin«.

22 Feinstoffliche Energiekörper

Die feinstofflichen Energiekörper sind unsere Wesenskörper, deren Qualitäten in uns wirken, unseren physischen Körper beleben, beseelen, durchgeistigen und uns wie mit einem »Lichtmantel« umhüllen. Die Qualitäten und Wirkungen der Wesenskörper sind

sehr differenziert. Ich beziehe mich auf das anthropo-
sophisch orientierte Menschenbild: physischer Leib,
Ätherleib (Bildekräfteleib), Astralleib (Seele) und Ich
(geistige Instanz).

23 Kosmischer Lebensstrom

Die Liebes-Lebensenergie, die unseren Körper weich
durchströmt und uns mit dem Licht des Universums
und der Liebesqualität der Erde verbindet. Durch diese in uns spürbare Verbindung vom geistigen Licht
und der Liebe der Erde erfahren wir Geborgenheit
und Selbstgewissheit. Durch Schulung, Meditation
und Übung können wir diesen Lebensstrom nicht nur
in uns, sondern auch um uns herum in der Ausdeh-
nung spüren. Die Liebes-Lebensenergie fließt in unsere feinstofflichen Energiekörper. Wir fühlen uns
belebt, beseelt, geistesgegenwärtig, beschützt, geborgen und durch unsere Ichkraft gestärkt. Wir spüren
inneren Freiraum, der es uns erlaubt, klar zu sehen,
verantwortungsbewusst zu wählen und mutig zu handeln.

Literaturhinweise

Bischof, Marco: *Biophotonen. Das Licht in unseren Zellen*, Frankfurt am Main: Zweitausendeins, 14. Aufl. 2005

Carter, Rita: *Atlas Gehirn. Entdeckungsreise durch unser Unterbewußtsein*, München: Schneekluth 2000

Ferrucci, Piero: *Werde was du bist. Selbstverwirklichung durch Psychosynthese*, Reinbek: Rowohlt Taschenbuch, 15. Aufl. 2005

Holtzapfel, Walter: *Im Kraftfeld der Organe. Leber, Lunge, Niere, Herz*, Dornach: Verlag am Goetheanum, 5. Aufl. 2004

Kükelhaus, Hugo: *Organ und Bewusstsein. Vom Sehen und Schauen. Der letzte Vortrag 30.9.1984*, Eggingen: Isele 2005

Mohr, Heinz-Gerd: *Lexikon der Symbole. Bilder und Zeichen der christlichen Kunst*, München: Eugen Diederichs, 11. Aufl. 1992

Reutter, Angelika U.: *Rapunzel – wo finde ich dich? Eine Märchenmeditation*, Einsiedeln: Daimon 1987

Sheldrake, Rupert: *Das schöpferische Universum. Die Theorie des morphogenetischen Feldes*, Berlin: Ullstein Taschenbuch 1993

Upledger, John E.: *Auf den inneren Arzt hören. Eine Einführung in die Craniosacral-Therapie*, Kreuzlingen: Hugendubel 2004

Zohar, Danah, Marshall, Ian: *SQ. Spirituelle Intelligenz*, Frankfurt am Main: Scherz 2000